世界五千年
科技故事丛书

卢嘉锡 题

世界五千年科技故事丛书

# 近代科学的奠基人

## 罗伯特·波义尔的故事

丛书主编　管成学　赵骥民

编著　王　兵

吉林出版集团｜吉林科学技术出版社

**图书在版编目（CIP）数据**

近代科学的奠基人：罗伯特·波义尔的故事 / 管成学，
赵骥民主编. -- 长春：吉林科学技术出版社，2012.10（2022.1 重印）
ISBN 978-7-5384-6084-1

Ⅰ.① 近… Ⅱ.① 管… ② 赵… Ⅲ.① 波义尔，R.（1627～1691）
－生平事迹－通俗读物 Ⅳ.① K835.616.13-49

中国版本图书馆CIP数据核字（2012）第156292号

## 近代科学的奠基人：罗伯特·波义尔的故事

| | |
|---|---|
| 主　　编 | 管成学　赵骥民 |
| 出 版 人 | 宛　霞 |
| 选题策划 | 张瑛琳 |
| 责任编辑 | 朱　萌 |
| 封面设计 | 新华智品 |
| 制　　版 | 长春美印图文设计有限公司 |
| 开　　本 | 640mm×960mm　1 / 16 |
| 字　　数 | 100千字 |
| 印　　张 | 7.5 |
| 版　　次 | 2012年10月第1版 |
| 印　　次 | 2022年1月第4次印刷 |

| | |
|---|---|
| 出　　版 | 吉林出版集团 |
| | 吉林科学技术出版社 |
| 发　　行 | 吉林科学技术出版社 |
| 地　　址 | 长春市净月区福祉大路 5788 号 |
| 邮　　编 | 130118 |

发行部电话 / 传真　0431-81629529　81629530　81629531
　　　　　　　　　　81629532　81629533　81629534

储运部电话　0431-86059116
编辑部电话　0431-81629518
网　　址　www.jlstp.net
印　　刷　北京一鑫印务有限责任公司

书　　号　ISBN 978-7-5384-6084-1
定　　价　33.00元

# 序 言

十一届全国人大副委员长、中国科学院前院长、两院院士

*路甬祥*

　　放眼21世纪，科学技术将以无法想象的速度迅猛发展，知识经济将全面崛起，国际竞争与合作将出现前所未有的激烈和广泛局面。在严峻的挑战面前，中华民族靠什么屹立于世界民族之林？靠人才，靠德、智、体、能、美全面发展的一代新人。今天的中小学生届时将要肩负起民族强盛的历史使命。为此，我们的知识界、出版界都应责无旁贷地多为他们提供丰富的精神养料。现在，一套大型的向广大青少年传播世界科学技术史知识的科普读物《世

界五千年科技故事丛书》出版面世了。

由中国科学院自然科学研究所、清华大学科技史暨古文献研究所、中国中医研究院医史文献研究所和温州师范学院、吉林省科普作家协会的同志们共同撰写的这套丛书，以世界五千年科学技术史为经，以各时代杰出的科技精英的科技创新活动作纬，勾画了世界科技发展的生动图景。作者着力于科学性与可读性相结合，思想性与趣味性相结合，历史性与时代性相结合，通过故事来讲述科学发现的真实历史条件和科学工作的艰苦性。本书中介绍了科学家们独立思考、敢于怀疑、勇于创新、百折不挠、求真务实的科学精神和他们在工作生活中宝贵的协作、友爱、宽容的人文精神。使青少年读者从科学家的故事中感受科学大师们的智慧、科学的思维方法和实验方法，受到有益的思想启迪。从有关人类重大科技活动的故事中，引起对人类社会发展重大问题的密切关注，全面地理解科学，树立正确的科学观，在知识经济时代理智地对待科学、对待社会、对待人生。阅读这套丛书是对课本的很好补充，是进行素质教育的理想读物。

读史使人明智。在历史的长河中，中华民族曾经创造了灿烂的科技文明，明代以前我国的科技一直处于世界领先地位，涌现出张衡、张仲景、祖冲之、僧一行、沈括、郭守敬、李时珍、徐光启、宋应星这样一批具有世界影响的科学家，而在近现代，中国具有世界级影响的科学家并不多，与我们这个有着13亿人口的泱泱大国并不相称，与世界先进科技水平相比较，在总体上我国的科技水平还存在着较大差距。当今世界各国都把科学技术视为推动社会发展的巨大动力，把培养科技创新人才当做提高创新能力的战略方针。我国也不失时机地确立了科技兴国战略，确立了全面实施素质教育，提高全民素质，培养适应21世纪需要的创新人才的战略决策。党的十六大又提出要形成全民学习、终身学习的学习型社会，形成比较完善的科技和文化创新体系。要全面建设小康社会，加快推进社会主义现代化建设，我们需要一代具有创新精神的人才，需要更多更伟大的科学家和工程技术人才。我真诚地希望这套丛书能激发青少年爱祖国、爱科学的热情，树立起献身科技事业的信念，努力拼搏，勇攀高峰，争当新世纪的优秀科技创新人才。

# 目 录

# 目　录

# 引 子

英国皇宫，灯火通明，高朋满座。

国王和身着盛装的王后春风满面地端坐着，两侧的重臣和社会名流三三两两地畅谈着。一些婢女侍臣悄无声息地忙碌着……

一会儿，礼仪官匆匆地走入大厅，在侍从官耳边轻声地说了几句话，侍从官忙告诉侍卫官，侍卫官走近王座单膝跪地向国王陛下又嘀咕了些什么。国王一挥手，人们顿时正襟危坐谨言慎行起来，礼仪官洪亮顿挫的声音随即在皇宫大厅及门廊中传响起来：

"请罗伯特·波义尔先生觐见！"

只见从大厅外走进一位身着正式礼服、头戴亚麻色假发的绅士，他昂然屹立、若有所思的样子，吸引了参加觐见的人们的目光，一阵轻微的议论像微风一样拂过两侧过道。

这就是当代最伟大的科学家？完全是一位彬彬有礼的绅士嘛！

只见罗伯特·波义尔按照皇宫中的礼仪完成觐见礼后，国王牵着王后一齐离开宝座，走下圣殿台阶，朝罗伯特走来。

"过来，过来，赐罗伯特先生坐，陛下要与先生畅谈。"

殿下、众臣及社会名流见此情景大惊失色，陛下召见重臣和外国使节尚未用此大礼，足见陛下是何等重视这位先生。

这位受到英国朝野推崇，国王和王后亲自接见的罗伯特·波义尔先生，就是科学发展历史上赫赫有名的伟大物理学奠基者、化学之父、气体科学创始人。

罗伯特·波义尔属于科学奠基时代的伟大科学先驱，他以刻苦求新、勇于探索的精神，团结了一批科学同仁，不仅形成了最早的科学的影响深远的社会体制，而且创造了不朽的科学业绩。

尘世中，罗伯特·波义尔登上了大不列颠王国的圣殿；科学中，他也踏入了奥秘自然王国的圣殿。

让我们随着本书，一道与罗伯特先生经历一下科学摇篮的世界吧！

# 奇怪，紫罗兰变色了

英国，多尔塞特郡的斯泰尔。

城镇的西北有一幢哥特式艺术风格的乳白色三层楼房。它的底层是宽敞明亮的大客厅和藏书丰富的图书室，二层是卧室，简洁质朴，顶层则是小阁楼兼贮藏室，经过狭长的楼梯往里走则是一个小巧玲珑的实验室。

从阁楼玻璃窗户向外望去，一个名叫沃尔夫的马车邮差正从车上往下搬东西，这是一大箱刚刚出版的新书。他颇费力气地将书箱交给女仆后，又让她请主人出来签收一笔数目不小的汇款。

顷刻之间，女仆匆匆地跑进房子……

过了好一会儿，一位衣衫褴褛、满头满脸烟灰的年轻人慢腾腾地走了出来，嘴里嗫嚅着什么，朝沃尔夫走来。

"怎么，他就是大名鼎鼎的约克公爵家的小少爷，您不会搞错吧！"沃尔夫满腹狐疑地问道，女仆神秘地一笑，说："没错，你就放心大胆地交给他吧！"

头脸灰蓬蓬的年轻人急忙签名，转身三步并作两步跑回了房间。

"哎，给您汇票，您不要了，好几百英镑呀！"沃尔夫急切地叫了起来，无奈地将汇票递给了女仆，同时作了一个鬼脸。女仆安妮嫣然一笑，接过这张足够伦敦一般平民活上几年的现金汇票回到楼里边去了。

原来，这位像个烧煤工似的年轻人就是著名的英国化学家、物理学家罗伯特·波义尔（R.Boyle，1627—1691）。

罗伯特一边跑上楼，一边想，搬到清静的斯泰尔也是这样，要是能找到一个没有人打扰的地方从事研究，那该多好！看着安妮蹑足走过去的样子，他仿佛又回到温馨的爱尔兰科克庄园，回到了童年……

罗伯特从小就喜爱观察大自然，整天钻进花园不愿意出来。每当家里来了有学问的客人时，他就缠住问个不停。苹果烂了以后生成的东西是什么？星星为什么不从天上落下来？绿草和红花怎么会变颜色？好多好多的问题，离奇古怪，常常令大家又好笑又惊奇。宽厚仁慈的约克公爵尽管儿女成群、公务繁忙，却十分宠爱小罗伯特。罗伯特的提问几乎成了约克公爵家接人待客的一项程序了。

小罗伯特总有问不完的问题。

还没有到6岁，家人就送他到以管理严厉著称的伊顿公学上学。别人一到伊顿公学，都像个霜打的茄子似的，可小罗伯特去了伊顿以后，如同笼子里的小鸟飞回了大森林。

伊顿的书可真多呀，渐渐地，小罗伯特开始沉默了，他不再到处缠着别人提问了。有时，他一个星期也不说一句话；有时，他读书读着读着就哈哈大笑起来。一家人看到休假时的小罗伯特痴迷的情形，有些为他担心，仆人们经过他的书房时都蹑手蹑脚……

在伊顿公学毕业以后，他在家庭教师的陪同下，到法国、瑞典、意大利旅行和学习，参观了一些著名学者工作学习的地方，这些开阔了他的知识视野，在枯燥乏味的旅行马车里，他却钦慕地想啊、想啊，遨游在知识天国中……

古希腊哲人亚里士多德多么伟大呀！他懂得那么多知识，尤其是对科学的贡献太大了，我也要像亚里士多德那样生活。

渐渐地，罗伯特长成了一个翩翩少年，他从迷恋亚里士多德，到熟悉培根、伽利略，通过伽利略他还知道了波兰籍天文学家哥白尼。

罗伯特的学术视野越来越宽广了。通过如饥似渴地阅读培根、伽利略等人的著作，他逐渐明白了，认识自然界的事物，了解它们变化的规律，必须通过实验。

培根说过，要得到正确的知识必须从事实出发，通过实验收集大量材料，然后才能从中找到普遍规律。

实验，多么神奇的事情呀！

记得有一次，罗伯特为了实验场地的事，和大管家马修斯几乎吵了一架。终于，严厉而善辩的马修斯在思维缜密、动手能力很强的罗伯特面前理屈词穷了。马修斯允许罗伯特在大菜窖外间小房子里摆弄他的实验，并告诫说，一旦实验室出了问题立刻收回房门的钥匙。

罗伯特兴奋极了。他开始了比较系统的实验。什么盐呀，什么酸呀，还有一堆井井有条的瓶瓶罐罐，他整天钻在实验室里边，不知摆弄什么，连家里新来的仆人都不知道他，险些把他当盗贼抓起来。这件事发生以后，家里人都戏称他为"险些入狱的小炼金家"。

父亲死后，罗伯特继承了一大笔遗产，为了更好地进行科学研究，1644年他定居伦敦。

经过几次搬家，他终于落脚于泰晤士河畔斯泰尔桥附近。

罗伯特成了科学研究的"专业户"。

在阁楼实验室，罗伯特开始进行物理学、化学和农业化学方面的研究工作。他喜欢齐头并进地研究几个课题，时间明显不够用。充斥在罗伯特头脑中的疑问和有待验证的东西实在太多了。没办法，他雇用了几个热爱科学的穷学生当他的助手。通常，他总是先给助手们详细地布置当天的实验任务，然后自己回到书房口述自己的论述，写成论文由秘书记录誊清。

后来，阁楼太小了，罗伯特索性把实验室搬到了一楼。

有一天，实验室里和往常一样进行着热烈而又紧张的工作：加热炉里炭火在燃烧，曲颈瓶里各种物质在加热。罗伯特正准备晨间的例行检查时，女仆安妮走进书房，把一束美丽的深紫色的紫罗兰放在桌子上。安妮知道，罗伯特十分喜爱紫罗兰的艳丽和芬芳，便特意从花园摘回来一束刚刚开放的花朵。罗伯特顺手折了一枝花就匆忙向北面的实验室奔去……

"喂，工作进行得怎么样了，威廉？"他向正在加热炉旁观察的一个年轻人问道。

"一切正常，先生。"

"发现什么新现象了吗？"

"目前还没有。这是制取'矾油'（即浓硫酸）的常规实验！另外，昨天晚上我们搞到了两瓶子盐酸。"

"从哪儿弄来的？"

"阿姆斯特丹。"

"我想看一看，请往烧瓶里倒一点儿。"

罗伯特把手中的紫罗兰放在桌旁，帮助威廉倾倒盐酸。忽地，刺鼻难闻的蒸气从容器瓶口冒出来，慢慢地散在桌子周围。容器里淡黄色的液体也在冒烟。

"好极了！做完蒸馏以后，请到我的书房来，我们讨论一下明天的工作计划。"罗伯特高兴地挥动双手，嗅一下盐酸，然后从桌子上拿起了那支紫罗兰。这时，他发现盛开的紫罗兰也在微微地冒烟，多可惜呀，盐酸液滴竟然溅到上面了，应该尽快洗掉才好！他把花枝放进一个小水盆，自己拿起一本书看了起来。

过了一段时间，他放下书本，瞄了一眼装着紫罗兰的水盆，真是奇迹！深紫色的花朵竟然变成了罕见的鲜红色。奇怪，不可思议，莫名其妙！

罗伯特呆呆地痴愣着。

突然，罗伯特眼睛一亮，猛地把书扔到一边，拿起湿漉漉的紫罗兰花朵，冲出实验室，他一边跑，一边喊：

"威廉，我有一个重大发现，快叫安妮也过来！"

罗伯特·波义尔从紫罗兰变色中悟出了大自然的什么奥秘呢？

# 安妮哭了

威廉急匆匆地跑去找女仆安妮。

一听说罗伯特找自己，安妮心头一阵狂跳，脸上登时潮红起来。她一直幻想着罗伯特少爷能和她单独倾心交谈，哪怕片刻也好。可是今天罗伯特主动叫她，一定是那束紫罗兰……

安妮急忙梳理一下头发，整理了一下衣衫，敲开了平素不敢轻易打扰的书房。

"请进，安妮小姐！"罗伯特从未这般热情地对待过仆人们。

"是你采摘的紫罗兰花吗？"罗伯特问。

"是的。"

"感谢上帝，送给我一个女神。"罗伯特一边大声欢笑着，一边热情地拥抱起安妮来。

安妮受宠若惊地哭了。

原来，罗伯特一直苦于无法鉴别物质的酸碱性，而紫罗兰花的变色启示了他，使他迅速地找到了问题的关键。

罗伯特·波义尔把各种不同的酸用水稀释后，制成了一排用小水盆盛放酸溶液的阵列，将紫罗兰花逐个放进去。果不出罗伯特所料，深紫色的花朵逐渐都变成了红色。"原来是这样。不仅是盐酸，而且其他的酸也可以使紫罗兰花变成红色。"罗伯特得出了结论。

"只要将紫罗兰花瓣放进一种溶液中，就能很容易地确定这种溶液是不是酸性的。"威廉兴奋地补充道。

女仆安妮此时尚沉浸在幸福的遐想中，她虽然听不懂什么"酸性"、"溶液"，但能够让罗伯特高兴，她就感到十分快慰了。

"罗伯特先生，我能帮您做些什么？"安妮怯生生地问道。

一句话提醒了罗伯特，他想起需要更多的紫罗兰花瓣。

"安妮，快把花园里所有的紫罗兰都弄来。"安妮微笑着跑去摘花瓣了。

罗伯特·波义尔和他的助手就用紫罗兰花瓣检验起物

质的酸性，确定一种液体是否含酸。当然，使用紫罗兰花瓣检验酸性，十分麻烦。折枝、采花、分瓣、分份，可是女仆安妮却乐此不疲；罗伯特和威廉也不厌其烦地实验着。

后来，罗伯特·波义尔和他的助手使用水和酒精制作了一些紫罗兰花瓣的浸出液。检验某种溶液是不是酸性的，只需加上一滴这种浸出液，根据颜色的变化，他们就很容易得出正确的结论。

罗伯特·波义尔将这些研究内容告诉了大家。不久从欧洲各地纷纷来人来函索要这种神奇的"溶液"。勤劳大方的罗伯特带领助手们日夜忙碌，从紫罗兰花瓣中浸出能够确定酸性的溶液。很快，花园中的紫罗兰一朵不剩了，结果邻居家花园中的紫罗兰花也遭殃了。最后，附近几乎不剩一朵紫罗兰了。焦急的女仆安妮又要哭鼻子了。

罗伯特·波义尔心想，一定要想一些办法。经过深思熟虑，他将自己的想法向助手们和盘托出：要么寻找紫罗兰的替代物，要么将配方公布于众。

经过大家的争论，最后决定暂时不公布配方，集中力量寻找紫罗兰的替代物。

安妮又忙碌起来了。她嘴里哼起了愉快的调子，整天像只欢快的云雀在花园中穿梭……

罗伯特·波义尔开始从芬芳宜人的玫瑰花瓣中提取一

些浸出液，他们相继发现许多鲜艳夺目的花卉都有这样的特性——确定溶液的酸性：

从玫瑰花中提取浸出液可不像紫罗兰那么容易，制作的条件和温度要求也比较苛刻，罗伯特·波义尔和他的助手们，克服了许多困难，最终还是一瓶一瓶地浸取制作了出来。

带着浓郁的玫瑰花香，这些神奇的浸出液飞向了欧洲大地……

"酸性"能够判断了，那么溶液的"碱性"呢？它们是否也可以通过"浸液"来判断呢？

罗伯特·波义尔苦苦思索着。

在罗伯特·波义尔生活的时代，科学家们十分辛苦，为了研究自然界，发现事物的规律，他们还要勇于冒着相当大的风险，用自己的身体器官来充当检验器，人们为了确定溶液的酸碱性，往往需要用手摸、舌尝。罗伯特还在伊顿公学学习时，就亲自品尝过各类酸碱。

一想到能让人们不再用嘴品尝那苦涩滑腻的碱性溶液，罗伯特心中就充满了力量。

于是，这位不知疲劳的科学家又开始搜集药草、地衣、五倍子、树皮和植物的根、茎、叶等，同他的助手们一起提取了五颜六色的各种浸液。有些浸液只是在酸的作用下改变颜色，而另一些则在碱的作用下改变颜色。

当发现某些植物浸出液能够在碱的作用下改变颜色时，罗伯特·波义尔并未像初始发现酸性变色作用时那样兴奋激动，现在他开始冷静思索了。实验之余，劳逸之间，开始重温他敬重的"实验科学之父"弗兰西斯·培根的著作《新工具》。

罗伯特十分敬重英国女皇的这位掌玺大臣。他在轰动四方的《新工具》一书中，倡导并建立了实验归纳法，提出了"知识就是力量"的著名口号。他还身体力行地从事实验，以至于最后因实验冻馁而仙逝。

培根十分强调归纳法的重要性。罗伯特对他详尽论述的归纳三法——求同法、差异法和共变性更是烂熟于心。罗伯特牢记培根的教诲。在实验研究过程中，已逐步克服了简单枚举法的局限性，如鱼得水地驰骋在实验研究中……

培根积极倡导实验，主张把归纳法用于科学，这对于近代自然科学的发展起到了重要作用。

作为培根的同胞，罗伯特深受其影响。一天，罗伯特·波义尔与助手讨论科学问题，助手们分成了两派，一派主张尽可能多地搜集材料，另一派则主张多注意头脑的创造。两派争执不下，请罗伯特仲裁。罗伯特微笑地说：

"前者好像蚂蚁，他们只管收集起来使用；后者好像蜘蛛，他们只知道把网子造出来束缚自己。我们要学习蜜蜂，它从花园和田野里采集花粉，然后运用自己的创造来酿出香甜的花蜜。把你们各自的观点结合起来，不就是一个完美的答案吗？"

"说得太好了，蜜蜂万岁！罗伯特万岁！"助手们欢呼起来，纷纷夸赞罗伯特的睿智。

"这不是我的话，那是培根的真知灼见。你们要多看点儿培根的书。"罗伯特说。

"就是那个修道士罗吉尔吗？"助手问道。

"不。在英国历史上，有两个培根。你说的罗吉尔·培根生活在13世纪，他对于科学贡献极大。后一个弗兰西斯·培根就是当代的英杰，我就是在他去世后一年出生的。他可是一位智慧过人的老头儿。"罗伯特渊博的知识总是让助手们折服，这也是助手们死心塌地追随罗伯特·波义尔的原因之一。

"先不谈培根了。我们谈一谈怎样让碱性溶液也遇到什么物质而变色吧！"罗伯特说道。

"先生，我们不妨分成两组，一个叫做蚂蚁，另一个叫做蜘蛛，分头工作，您看怎么样？"一位助手建议。

"好，就这样办！"罗伯特干脆地下命令。

从此，蚂蚁组到处搜集有关信息和材料，蜘蛛组则苦思冥想，筹划出一个又一个好主意；两个组又经常在一起交流，他们都希望变成令人赞叹的蜜蜂。蜜蜂勤劳，聪颖，善于创造……

终于，经过反复实验后，"蜜蜂们"发现从一种生长在寒冷地带的石蕊地衣中提取的紫色溶液最为神奇，酸能使它变成红色，而碱却又能把它变成蓝色。为了更加方便科学研究者进行检验，他们用这种地衣浸出液把纸浸透，然后再把纸烤干，制成供试验用的"试纸"。一个助手还幽默地称之为"蜜蜂牌"试纸。

当科学研究人员欲检验一种溶液是否具有酸碱性时，把这种纸片放进被试验的溶液中，只要纸片改变了颜色，就能确定这种溶液是酸性还是碱性的。

事实上，这一时期的罗伯特·波义尔就已经发明了现代化学研究广泛应用的"石蕊试剂"和"pH试纸"。这两样东西对科学发展的推动作用极大，无论现在还是当代化学分析须臾不可离开的研究工具。

罗伯特通过这一系列的探索，逐步意识到，在酸性或碱性的溶液里，一定有一些属性相似或完全相同的东西。它们是什么呢?

罗伯特·波义尔又陷入了沉思。他痴痴呆呆，所答非所问，一看那样子就让助手们和安妮心焦……

# 配制墨水的先驱者

墨水，人类文明的使者。

凡是有墨水的地方，文明、智慧就会降临，人们的生活就会变得丰饶美满。可以夸张一点说，现代文明是伴随着墨水的流淌一起来到人间的。墨水的伟大与奉献，动用哪一个藻饰的词汇，都显得苍白无力。

奇妙的墨水却来自罗伯特·波义尔平凡的研究工作中。

在欧洲的中世纪，人们用烟灰和着含树胶的水作为墨水，用长茎鹅毛管作笔，记录文字，撰写公文……

欧洲传统的制造墨水技术极为落后，与中国制造墨的工艺水平相比，简直有天壤之别。中国墨研制出的墨水，清晰、均匀、渗析性适中，而且还带有飘逸宜人的墨香。西方的墨水如同水中放入黑黑的锅底灰，涩滞、凝积、渗漏，而且保存性极差，带有令人掩鼻而过的煤焦油味，不知给多少文人带来麻烦和懊恼……

一天，罗伯特正苦于研究的难题之中，他怎么也解不开实验中的一个死结，心情十分乖戾。

"威廉，你跑到哪儿去了！"罗伯特喊道。

"来了，来了。我在提取植物浸液。"

"胡闹，提取什么植物浸液。"罗伯特说。

"先生，这是您昨天亲自布置的工作呀。再说，维尔特汉姆的格劳贝尔大师已经催促过几次了。"威廉一向听从指挥，看到罗伯特乱发火，心中也堵了一口气，大胆地顶撞了罗伯特·波义尔。

"什么维尔特汉姆？什么格劳贝尔大师？都是胡扯，让他来这儿试一试！"罗伯特更生气。作为英国赫赫有名的贵族后裔，仆人和助手们一向低声下气地和他说话。这次威廉的行为确实有些离谱了。科研难题，威廉顶撞，简直使他乱了方寸。在他转身时，一眼瞥到了站在另一间房里的女仆安妮，立刻意识到自己的失态，马上矜持地一笑，声音温和得多了。

"威廉，不要赌气了，快把上次的实验记录拿来！安妮，沏上两杯茶。"罗伯特慢慢恢复了常态。是啊，科学研究的难题肯定非常多，怎么自己遇到难处就心态失常了，不应该，太不应该。罗伯特·波义尔一边想一边嘀咕着。灵巧的安妮顷刻间端上两杯清茶，热气腾腾……

不一会儿，威廉抱着一大本实验记录本走进来了。罗伯特·波义尔翻到了记载实验结果的那一页，仔细地阅览起来。罗伯特渐渐地脸又红了起来，熟悉他的人都知道，这是他心情不顺的征兆，连安妮碰到这种情形也不愿意去招惹罗伯特。

"威廉先生，8月20日的实验是您记录的吗？"罗伯特气呼呼地喊道。威廉急忙跑了过去，一看傻眼了。果然是他记录的。他回忆起刚刚毕业无路可走时的情景，是罗伯特收留了他。罗伯特叮咛再三，科学实验记录是马虎不得的，必须一丝不苟。一开始，他看到同伴们记录的文字十分硕大，还十分不理解。为此，他记之以娟秀雅丽的小字，今天一看模糊一片，根本看不出个子丑寅卯。该死的墨水，为什么到处浸润？加上频繁地翻动，怎么能受得住呢！威廉终于醒悟同伴们大字记录的奥秘了。他像个犯了错误的孩子，只好低着头准备接受罗伯特·波义尔的训斥。

令安妮奇怪的是，罗伯特并未发大火，只是咬住牙关说了声：

"我放你三天假，回家练一练大字记录，写得像大家一样。"

罗伯特·波义尔强忍住火爆的脾气，他做起实验来容不得半点差错。可是，这次不怨威廉，是那可恶的墨水在作怪。一次实验又白做了。威廉走了，只好一切从头开始……

原来，罗伯特为了浸取大量试液，几乎试遍了所有的植物。一天，助手们采集来一种奇怪的木质植物。那是一种称作盐肤木的树枝，五倍子虫寄生在表面，刺激叶细胞而形成虫瘿。后来，经过化验，得知里边含有酸性物质。罗伯特命令威廉记录的就是关于浸取五倍子的内容。现在，家里只剩下罗伯特·波义尔和女仆安妮。没办法，罗伯特只好自己亲自做浸取五倍子的实验。

"安妮，快把曲颈瓶拿来！"罗伯特命令。

"哎，大号的，还是中号的？"安妮问。

"要小号的！顺便再拿一支试管来。"

罗伯特·波义尔善于指挥助手们，可眼下跑来跑去忙得一身汗的是女仆，他有些过意不去，说话益发温柔平顺，他变命令为商量请求，结果两人很畅顺地做了一上午实验，罗伯特上绽开了幸福的微笑。

快到吃中午饭了。安妮提醒罗伯特她要去做饭了，可是他却说：

"你再把那瓶水溶液拿来。"

"不行，你自己拿吧，中午不做好饭，莱涅拉尔夫人可要大发雷霆了。"安妮胆怯地拒绝了。

"不用怕，我姐姐不经常来这里。"

安妮心里还是惦记着做饭，结果拿错了一个试剂瓶。

"哎呀，出现怪事了！"罗伯特喊了起来。

他在用五倍子浸液与安妮递过来的试剂作用时，混合液变得像乌贼逃跑时释放的液体一样漆黑一片。波义尔追问后证实，原来安妮递过来的是一瓶铁溶解于酸中的溶液。

安妮一看自己错拿了试剂酿成了大祸，紧张得要哭了。她知道浸取一小瓶五倍子液，要花掉整整一上午的时间，况且罗伯特的助手们又不在，是罗伯特亲自动手做的。可是，她一看罗伯特并没生气，而是望着黑漆漆的液体发愣。好一会儿，罗伯特让安妮取来另一些五倍子浸液，他又用含铁的溶液加入到五倍子浸液，结果又形成黑色溶液……

常言道，福为祸所依，祸为福所倚。安妮忙中出错，让罗伯特发现了五倍子浸液加铁溶液，可以生成一种黑色溶液。错误，给人们带来了科学发现。阴差阳错里包含着珍贵的机遇。波义尔笑了。

安妮急着要把黑乎乎的溶液倒掉。经验丰富的罗伯特详尽地记录了黑色液体的情况，留了一些样品，然后吩咐安妮倒掉。安妮端起废液盆就往外走，她恨不得迅速泼掉那些该死的东西。

一开门险些与急匆匆进来的威廉撞了一个满怀。真是"屋漏偏逢连夜雨"，安妮又将黑液体泼了几滴，沾到威廉的白色衬衫上去了。威廉愠怒着，安妮急忙道歉。

经过几次洗涤，心灵手巧的安妮也无法洗去黑色斑点。威廉当着罗伯特的面，述说了那次"前门相撞"的事件，安妮也懊丧地絮叨着黑白分明对于洗涤的难处。他们说着说着，罗伯特听出奥秘来了。

"别吵了，先生们、女士们！既然是洗不掉的黑色溶液，那么是否可以制墨水呢？"罗伯特的头脑总是处于不停思考的状态。威廉一听兴高采烈，连说："好主意！好主意！"他又要安妮取来笔和纸，安妮跑进了书房……

罗伯特蘸满了黑色液体，在白纸上写下了"墨水"两个字，一看效果还不错。罗伯特专门让威廉仔细记录下制作墨水的条件，选定了原料配方。威廉牢记在墨水问题上的失误，决心攻下墨水制造技术的难关。

经过相当长时间的刻苦研究，罗伯特和他的助手威廉，终于制造出高质量的墨水。后来，人们沿用罗伯特的方法生产墨水几乎达一个多世纪，在许多科学家、作家的手中，它留下了光辉的印迹。

罗伯特的第一部著作《怀疑派化学家》的手稿，就是使用他们自制的墨水，由威廉用娟秀的小字记录的。有了优质的墨水，人类的字迹越来越美了。

# 世外桃源

时势造英雄。

罗伯特·波义尔生活在一个战乱频繁的时代，英国史无前例的内战与资产阶级革命的烈火熊熊燃烧着，它既是英国国内阶级斗争暴风骤雨的时代，又是近代科学诞生的时代。

这是一个血与火的时代。

这是一个刀与剑的时代。

罗伯特就是在流血的内讧中寻找到一片宁静温馨的"世外桃源"，沉迷在他的科学研究之中，终于为人类作出了巨大的贡献，成为科学史上有名的"近代化学之父"。

那是在1641年，罗伯特·波义尔由家庭教师马考姆兹先生陪同去欧洲旅行游学。就在游学的第二年，英国国王派和议会派之间的内战开始了，当时罗伯特·波义尔刚刚过15岁生日，而远在意大利77岁双目失明的伽利略也刚刚逝世。

游学变成了一次漫长的苦旅。

1642年初，罗伯特到了罗马，二次驻足佛罗伦萨，5月份到达法国马赛港。这时父亲由爱尔兰来信说：家庭经济因内战已陷入窘境。内战开始干扰聪慧的罗伯特。在博学忠诚的马考姆兹的精心照料下，罗伯特在日内瓦幽深静谧的湖边生活、学习和工作了两年，终于又回到了战乱中的英国。

这次内战使罗伯特一家分裂成国王派和议会派。罗伯特的哥哥们大都投奔从军国王派，其中一个哥哥战死。罗伯特寄居在姐姐莱涅拉尔夫人家，她是支持议会派的。

在莱涅拉尔夫人的沙龙里，人们不断地为国王派和议会派的行为争论，著名的英国诗人弥尔顿就曾为了逃避国王派的迫害而避难于此。

人们争论，宣泄着自己对国内情况的感受，罗伯特慢慢地厌恶起国内的动乱来了，特别是四哥战死以后，他感到战争给人类带来的苦难实在太多了。罗伯特站在两派中间的角度审视着，不久，他就隐居到斯泰尔桥附近。

1646年，英国资产阶级议会派领袖克伦威尔担任议会军队总司令以后，形势急转直下，终于建立了持续11年的共和制，形势相对平静了一段时期，身处英国经济文化中心伦敦的罗伯特立即迸发出科学研究创造的巨大能量，成为伦敦学术界的一颗熠熠闪光的新星。

罗伯特和一些科学爱好者组成俱乐部或沙龙性质的组织，每周集会一次，座谈一些科学问题，交流各自的研究成果，畅谈科学发明创造的趣闻乐事，其乐融融，相得益彰。在这些集会上，人们谈论着轰动英国及欧洲大陆的科研成果：吉尔伯特御医关于磁铁的系统研究，哈维大夫发现血液循环和伽利略的《新科学对话》等，人们赞颂他们的伟大发现。

一天，大家聚会在科学爱好者哥达特家里，议论起自然现象与实验的事情。

"自然现象并不是神秘的，用实验就可以揭示他们的奥妙。"哥达特以东道主的身份打开了这次集会的话匣子。

"我十分喜欢哥达特先生家里的咖啡，但是我并不赞成他的观点。自然现象是神秘的，它的机巧，它的缜密，只有上帝才能洞悉所有这一切。"一位爱好科学的牧师接过了哥达特的话。

"克里斯特法牧师先生，难道人类不能与上帝沟通吗？能沟通！那好。我们不正是通过实验来解读自然这部由上帝撰写的神奇之书吗？"罗伯特·福克反驳道。一谈到"解读自然之书"的话题，人们的情绪顿时热烈起来了。

罗伯特时代，由于受宗教改革的影响，人们一方面信仰上帝，一方面又希望像破译密码那样解读自然之书。这样，科学和宗教就在英国和平共处，相安无事。

"怎样才能解读自然之书？实验。怎样才能搞好实验？"罗伯特提出了问题，又像在自问自答。这个问题一时难住了大家，议论纷纷。有的说靠动手能力，有的说靠消息灵通，有的说要舍得花钱。牧师说，实验成功要靠上帝赐予的灵感。天文学家塞缪尔·法斯塔说，遥望星空就是最好的实验。还有一位医生说，解剖青蛙才是实验。

在这次大讨论以后，罗伯特意识到科学实验的重要作用，就更加依靠实验了。他花了很多钱，装置着自己的实验室。1647年3月，他在给姐姐莱涅拉尔夫人的信中，诉说了他费尽心血安装的一座加热炉，在即将完工前毁于一旦的经过。他又心疼又遗憾的情绪溢于言表。

经过几次周折，终于建成了用于加热燃烧的炉子，罗伯特用它实现了许多物质的转化，作出了一些重要发现。一个时期同伴们曾经戏称罗伯特是"燃烧专家"。波义尔以前的人们十分重视热对物质的作用，他们用各式各样的炉子做实验。他们发现，除了金和银以外，所有金属在敞口的加热锅中加热都会发生变化。

进一步深入研究加热燃烧的是罗伯特·波义尔。

斯泰尔实验室成了罗伯特的圣地。他开列了一大串实验清单，改进许多当时常用的仪器，整天的活动可以概括为一个词：忙碌。

忙碌之余，来自家乡和牛津的朋友又向他叙述了国内的战争。自从国王查理一世向议会派宣战，爆发了英国地主贵族阶级和资产阶级以及平民的武装斗争，到处燃起内战的烽火。一会儿，国王军队占了上风；一会儿，议会派反击成功。今天，牛津沦陷；明天，伦敦告急。战争的胜负像钟摆一样，摆来摆去。

经过整整6年，战争终于以实行专制主义的国王的失败而告终。

有一天，罗伯特正忙于用王水溶解黄金的实验，满头是汗的罗伯特又将黄金还原出来了。这个实验使他意识到各种物质都是由一种看不见、摸不着的微小颗粒组成。虽然那个时候一个名叫伽桑狄的人已经从事宣传古希腊原子论的观点，但是人们尚未找到实验证据。

这时，罗伯特的哥哥法兰克来探视弟弟，向他讲述伦敦发生的变故。

"罗伯特，最近发生了一件震动欧洲的大事！"哥哥说。

"无非又是哪座城陷落了，老一套！"罗伯特已经厌烦了。

"不，国王被处死了。"

"什么，查理国王被处死了！"罗伯特吃了一惊。毕竟是大不列颠及北爱尔兰联合王国的一国之君，罗伯特只好放下手中的实验，听法兰克说个明白。

自从1646年议会派攻克国王派的大本营牛津城以后，查理一世成了丧家之犬，一方面假装承认议会派胜利，另一方面又处心积虑妄想复辟。他的一系列反抗终于激怒了国人，1649年1月30日以克伦威尔为首的议会派一致决定处死查理国王。后来国民议会任命克伦威尔为护民总督，建立市民政权。

　　法兰克绘声绘色地述说着处决国王的细节，抬头一眼望去，罗伯特已经睡着了。是啊，罗伯特·波义尔已经劳碌了一天一夜，要不是为了收集完整的实验记录，他早就倒头大睡了。政治有时是科学家最好的催眠曲。

　　此时，罗伯特二十多岁，正值青春年华。

　　罗伯特三十多岁时，克伦威尔死去，封建势力不甘心退出历史舞台，又聚集力量抬出国王的侄子，利用市民政权的内讧，实现了王权复辟，资产阶级与王权妥协，承认了查理二世恢复王位的合法性……

　　双方几经搏杀，几经妥协，最后建立了今天尚存的君主立宪制度，社会秩序稳定了。英国实现君主立宪制的所谓"名誉革命"后的第三年，64岁的罗伯特完成了他一生科学研究的使命，安静地长眠了。

　　罗伯特亲自参与近代科学，特别是物理学和化学的奠基工作。他是在战乱和流血的英国寻找了一块"世外桃源"，闹中取静，抓住宝贵的时光，推动科学大大向前迈进了一步。

# 灼人心肺的"冷火"

1669年，秋高气爽，德国港口城市汉堡。

喧闹一天的港城像个疲倦的孩子，终于静悄悄地睡着了。夜空里，星河灿灿，不时有流星划过一道光亮。大街上，很少有人走动了，偶尔从港口那边传来一两声汽笛声，低沉、柔和，回荡一会儿，整个港城又归于沉寂。

突然，从城郊一座较大的宅院里拥出了一大群人，他们的喧哗声打破了港城的宁静，从远处看，他们兴高采烈，手舞足蹈；从近处瞧，他们议论纷纷，每个人都显得特别激动。

"太神奇了，太令人激动了！"一位绅士说。

"可是，那场面也有些让人毛骨悚然，太刺激了。"一位娇小的淑女说道。

"是呀，那个叫什么布兰德的怪人竟然发明了'冷火'，太不可思议了。"一位行为斯文学者模样的人说。

"我从五十多里以外的地方赶来，不虚此行，不虚此行。"一个年长的人说。

他们在议论什么，世界上还有"冷火"？

原来，一位名叫布兰德的游荡在汉堡的江湖医生不知道用什么方法发明了磷元素的制取方法，他带着像白蜡一样的磷，到处展示表演。许多富有的人家在举办聚会、庆典和舞会以及沙龙活动时，纷纷邀请他去表演，这位游医也借此机会赚几个小钱，就这样他成了汉堡的一个大名人。

我们知道，元素磷在空气中裸露时，会发生氧化作用，如果是在黑暗中，它能发出闪烁的亮光。事实上，白磷裸露在空气中是非常危险的，它的蒸气极易引起火灾。

布兰德·汉林，是一个炼金术士，精通文墨，整天梦想发财。他从事实验的目的是想弄到能使白银变成黄金的"哲人之石"，或是发现黄金的新来源。一天，他在蒸馏人尿时意外地得到了一种神奇的物质，这种物质色白质软，形似白蜡。由于黑暗中它能不断发光，于是，布兰德称呼这种神奇的物质为"冷火"。

尽管布兰德对自己取得这种物质的技艺严守秘密，不过由于他到处演示，很快这件新闻就传遍了整个德国，引起了人们普遍的兴趣。

当时，有一位著名的德国化学家兼药剂师名叫孔克尔，对"冷火"极感兴趣。他整天围着布兰德的演示转，一心想知道"冷火"的制取方法。苍天不负苦心人。有一次，布兰德酒后矜夸，终于让孔克尔探听到"冷火"是从尿中提取到的。经过反复实验与失败，孔克尔也成功了。

孔克尔把新鲜的尿进行蒸馏，待到近干时取出其中的黑渣，在地窖里放置几个月，直到它腐败为止。然后再与砂子混合，强热干馏，将挥发物冷凝，即可得到那种白色的"冷火"。制取磷的过程极为艰辛，孔克尔对制取磷的技艺也秘而不宣。

"冷火"的神奇本来就已经够刺激的了，而制取工艺的秘而不宣激起了包括罗伯特在内的科学爱好者的好奇心和探索欲。交通便利、航运畅达的汉堡颇具辐射作用，这让更多的人参与到揭开"冷火"奥秘的角逐之中。制出"冷火"成为当时科学研究事业中一项极富挑战性的工作。罗伯特想，自己也一定能制出"冷火"，以此来验证科学理论的作用。

罗伯特对物质提取的历史是比较熟悉的。早在布兰德提取磷100年以前，瑞士医生帕拉塞尔苏斯就在著作中提到过，蒸发尿可以获得冰状物，他称之为"火的要素"。

帕氏的著作可能启发了布兰德，当然更极大地启迪了罗伯特。尿中一定含有某种物质，一定要提取出来。

罗伯特十分熟悉实验，他首先采取加热蒸馏的方法，用浓缩的原理聚集那种物质，然后通过一连串的化学实验，逐步逼近"冷火"。

就在人们争先恐后地提取"冷火"的过程中，由于接连引起火灾等演示事故，没有多少人愿意邀请布兰德了。致使他穷困潦倒，终于将制磷秘密以200块德国银币的价格卖给孔克尔的一位朋友克拉夫特。

克拉夫特把磷发光表演带到了宫廷，他在欧洲好几个国家王侯的宫殿里熄灭了烛火，让人们观看由于磷氧化产生的"冷火"。英国皇帝查理二世也在宫殿中接待了克拉夫特。罗伯特当时作为知名的科学家在查理二世的宫廷里观看了"冷火"表演。

为了表示对罗伯特的尊重，克拉夫特还将他的"冷火"样品送给罗伯特。

波义尔和他的助手、德国化学家汉克维兹经过3年的努力，终于也制出了磷。与其他的"冷火"游侠不同，罗伯特相当全面地研究了白磷的化学性质，深化了人们对"冷火"的认识。

1681年，罗伯特专门出版了一本有关磷的著作，证实了一些极为重要的结果。比如，磷只有在空气存在时才发光，如果将磷与空气隔绝，"冷火"现象就不会出现；另外可以利用辉光方法检定出极少量的磷，可以达到50万份水中含有1份磷的程度。在罗伯特时代，没有人比他更了解磷。

后来，人们发现白磷极易燃烧，很快应用到火柴制造中，对白磷需求量日益增加。有一天，汉克维兹问罗伯特：

"先生，我们是不是也像别人一样，保守制磷的工艺秘密？"

"不，我们不能那样，我们不是江湖术士，我们是专业工作者，科学发明创造的所有权应该属于全人类。"罗伯特斩钉截铁地说。

汉克维兹十分钦佩老师，他激动地说：

"先生，我要研究大规模生产磷的工艺，让磷造福于全人类。"

后来，他利用罗伯特提取磷的方法，实现了磷的大规模生产，把磷发展为商品。

发现元素磷，揭开了探索自然界元素奥秘的历史序幕，从物质中分离出新元素告诉人们，自然界不是由简单几种元素组成的。

# 名师出高徒

罗伯特对近代科学作出了奠基性的贡献。

一系列伟大的科学发现和天才的科学创造都是与罗伯特·波义尔的名字密不可分的。有一位科学史家说过，没有罗伯特，近代科学不知还要在黑暗中摸索多少年。

罗伯特不仅自己亲自参与近代科学的奠基工作，还培养出了一大批科学事业的传人，他们也作出了伟大的科学贡献……

1691年，深冬的一天。北风呼啸，与罗伯特相依为命的姐姐莱涅拉尔夫人病了。她躺在床上昼夜失眠，罗伯特为了排遣姐姐的痛苦，在她的病榻旁讲述起了他的助手、学生和弟子们的故事。

罗伯特早年苦读，造成身体孱弱，一次由于医生开错了药方而差点丧生，幸亏胃不吸收吐了出来，才未致命。

在繁忙的研究与实验工作中，他经常感到疲倦，有几次竟然晕倒在实验台旁，多亏女仆安妮的救护。所以，他下决心寻找几名科学研究助手。威廉、胡克、汉克维兹、福克等人，有幸走进了罗伯特的实验室。

思维敏捷、生龙活虎的助手们，成了罗伯特的左膀右臂。同时代的人都惊诧于罗伯特怎么能作出那么多的发现。其实，这一切很简单，别人是在孤军奋战，罗伯特则是率领一个军团。罗伯特在科学发展进程中，最早形成了一个科学的共同体。在这里，集思广益，分工合作，体现了极大的科学研究效率，其他个体研究者只能屈居后列。

罗伯特这一传统后来为广大科学研究者所继承光大。众人拾柴火焰高嘛！科学有了加速发展的趋势，应该说是罗伯特带了一个好头。

作为一个科学研究工作者，首先必须具备良好的合作素质，能够融洽地同别人沟通、合作，彼此了解，取长补短，把荣誉归功于集体，这种以集体主义为核心的科学道德观，是每个科学工作者必备的。

罗伯特以他的工作态度和科学造诣，实践了上述认识。

在莱涅拉尔夫人的病榻旁，罗伯特饶有趣味地谈论起助手胡克。罗伯特轻轻地述说着：

"那是一个十分有趣的人。胡克生于怀特岛，像我一样体质也很弱。原来，他本打算到教会供职，可考虑到经受不了频繁的弥撒、布道等工作，只想找一个轻松的研究工作。本来，他是在威利斯那里做一些不领薪水的辅助工作。在牛津期间，他一下子就迷上了我的实验室，主动要求到我这里来，做一个只需管饭的小帮工。你瞧，我怎么能夺人之美呢！后来，他三番五次跑到我这里，连威利斯也开玩笑地说：'你们罗伯特家管胡克的饭吧，我想管也管不成了。'"

罗伯特想讲些轻松快乐的话题，以转移姐姐对病痛的注意力，莱涅拉尔夫人轻轻地笑了。

她很早就为弟弟取得的科学成就而感到骄傲，不论是在伦敦，还是在牛津，从宫廷到各个有品位的沙龙，人们都称颂罗伯特的成就，予以他诸多荣誉。国王查理二世多次下诏，邀请罗伯特入宫讨论科学问题，成立皇家学会选举罗伯特担任会长，东印度公司成立聘请罗伯特担任董事，参与公司的重要决策，连福音传道会也慕名而来，请他担任会长。

约克家族将以一个科学爵士之家而闻名于天下，一想到这些，莱涅拉尔夫人由衷地笑了。

罗伯特看到姐姐兴致很好，就接着叙述了。

"那个胡克，既懂得理论又在实验上眼明心细，胆大手巧。在研究空气时，我几乎都想放弃了，因为抽气泵的技术和玻璃器皿制造简直太难了。凡是参与研究空气泵的人都泄气了，可是，有一天。胡克竟然把它弄成功了。我们都佩服极了。每个人都把他看成圣徒，仿佛有上帝在指点他，真是不可思议。"

"胡克也有一个明显的毛病，伙伴们都说他悭吝金钱。他省吃俭用，薪水收入也不低，可是让人感到他仍然一贫如洗。"罗伯特很疑惑地说。

"金无足赤，人无完人。历史上许多有名的人物，他们的优点和缺点一样，都会流传千古。"莱涅拉尔夫人嘟囔了一句。

"还有那个龚贝格。我们俩组成了专门研究盐的小组。虽然他做起实验来有些笨手笨脚，可他设计的实验却相当美妙，很长一段时间，他倒成了主人，我简直就成了他的仆人了。"

　　"至今从事物质转化研究的人，主要是从医师配制良药，或者从炼金术士人工制造金子为目的，而没有把自然科学进步作为奋斗目标。因此忽视了许多现象。我的实验有可能补充这一缺陷。应该把物质转化研究作为一门独立的分支学科来加以研究……"罗伯特滔滔不绝地述说着，又陷入了他的思维世界。

　　定睛一看，莱涅拉尔夫人已经睡着了。罗伯特欣慰地为姐姐盖好被角，蹑着脚步走出了房间……

　　罗伯特是近代科学的奠基人，他直接参与创立了化学、物理学等自然科学分支学科，通过实验为自然科学发展打下了坚实的基础。同时，罗伯特为科学发展培养了一大批人才。

　　胡克，除了协助罗伯特作出重大创造外，还发现了"胡克定律"——即弹性定律，研制出显微镜，最早完善了显微镜系统，出版了有名的《显微图谱》一书，是17世纪最伟大的科学仪器发明家和设计家，他是人类第一个看见细胞微结构并为之命名的人。

　　奥登伯格，曾经作为罗伯特的文字秘书，他虽然不是一个科学家，但他大力提倡科学实验方法，进行大规模的科学通讯，广泛地传播科学信息，长期担任皇家学会的秘书，参与了缔造皇家学会的工作，奠定了科学的社会体制的基础。今天，人们一谈起科学社会学历史时，首先就要谈及奥登伯格。

奥登伯格，后来回到法国传播科学知识，也成了一代名人。

波义尔不经意地创造了一种科学体制，那就是以科学权威为圆心，以多名科学家构成一个科学共同体，组成强大的科学攻坚力量。通过科学共同体成员之间的研究、讨论和辩论，增大了每个人的科学创造力。

在当代化学发展的历史痕迹中，仍然保存着三大传统。首当其冲的是由罗伯特开创的、在牛津落户、生根开花的人称"牛津派化学家"。其余二派是法国传统学派和德国传统学派。

牛津派化学家继承了罗伯特重视创造的思想传统和实验至上的精神。他们将实验与理论充分地结合，注重化学工作者之间的尊重和合作，拥有第一流的实验室，强调同其他化学家的交流和沟通。有人统计过，至今获得诺贝尔化学奖的化学家中有一半左右是牛津派化学家的后裔或传人。

罗伯特——牛津派化学家——美国风格的化学家，这是当代美国化学的历史渊源。中国化学家也有承受罗伯特——牛津派化学家恩泽之人，诸如著名药物化学家赵承嘏、生物化学家王应睐、有机化学家汪猷等人，都亲身沐浴了牛津风雨，受罗伯特影响至深。

罗伯特不仅创立了近代化学本身，更创造了传播几百载的化学研究传统，培育了一大批化学精英和化学教育的顶尖人才。

从罗伯特时代形成的科学共同体，奠定了科学的社会发展基础，后来逐渐演变成为科学学会等民间科学组织和国家科学院等官方科学组织，他们都为科学发展作出了巨大的贡献。

罗伯特奠定了近代化学和科学的基础，其中最重要的原因就是罗伯特开拓出了科学的社会存在与发展的方式。

# 小针眼里的大世界

有一次，罗伯特受人之托主持皇家学会的学术讨论会。

乏味无聊的神学主题，冗长空泛的辩驳发言，再加上主教大人喋喋不休的虔诚论证，与会的人们简直要昏昏欲睡了。如果不是出于尊重贵族繁缛的礼仪，罗伯特也许会拂袖而去。

突然，一个满头大汗的邮差伴着学会秘书一起急匆匆地走进来。

"大人，荷兰急件，皇家学会收。"

众人也有意想使会议的议题转向，纷纷喧嚷着要当场拆阅信件，作为主持人的罗伯特顺水推舟，一下子大家的注意力转移到那封刚刚到来的信件上了。这是一封冗长而奇特的信。

它是后来被称为"显微镜之父"的荷兰人列文虎克寄来的。信上说："我用自己制造的显微镜，观察皮肤、晶体、牛眼、兽毛等微小的东西，看到了一番令人意想不到的景象。"

"我知道了，那是人们俗称的'跳蚤镜。伽利略曾经说，他的'跳蚤镜'使得苍蝇看起来像一只羔羊。"一位会员兴奋地说。

人们有时虽然把伽利略作为显微镜和望远镜的发明者，但事实上这些仪器起源于那些不太引人注目的荷兰眼镜制造商人。伽利略曾经说过，他在显微镜下看到过一个昆虫的复眼。

伽利略的主要兴趣不是在望远镜上，他更关心天体运行……

会员们的议论引起大家的注意，经过举手决议，会议集中讨论荷兰人的"跳蚤镜"问题，看一看它对科学可能起到什么作用。

"神谕上说，天使能在针尖上跳舞，从显微镜的角度上看，这是完全可能的。"主教大人认真地说。

"这样说来，小小的针眼里面还隐藏着一个我们不知道的世界。"

"我不亲眼看到，我死也不会相信的。"

"问题不在于信不信！关键是我们也要有一台显微镜啊。"

"一针见血。没有显微镜，诸君的议论是一文不值的。"

这封信引起了会员们及与会人员的热烈讨论。最后，会员们一致决议写致敬信给列文虎克，同时向他借一台显微镜。不知道什么原因，他们的请求遭到了列文虎克的婉拒。不久，列文虎克又来信描述了他的显微镜下更渺小的世界。皇家学会的会员们非常着急，他们都急切地想看一看显微镜下的微妙世界。

赶快到小针眼里去遨游，成为会员们的心病。忽然有人提议说："我们自己研究制造一台显微镜吧！"

"谁来承担这个任务呢？"会员们把目光一齐转向了胡克。这个制造显微镜的重任，自然而然地落到了胡克身上。从此，胡克充分发挥他的才能，从理论研究、设计图的绘制、凸透镜片的磨制，直到整个显微镜的安装和组合，经过长达几个月的努力，胡克终于不负众望，成功地制成一台复式显微镜。当时光学仪器中的复合透镜，总是产生复合像差和赝像。心灵手巧的列文虎克利用小巧的短焦距双凸透镜，克服了这些不足；但胡克的显微镜的放大倍数，比列文虎克的还要大得多。

胡克的实验室成天挤满了人，好奇心极强的皇家学会会员们严格按规定时间，排队观看显微镜下的世界。有一个顽皮的学会会员甚至说："我真想把显微镜偷回家看个够！"

胡克用它观察微观世界，绘制出苍蝇眼、羽毛、虱子、跳蚤、霉菌等将近60张标本图谱。在观察软木纤维过程中，他第一个发现了"细胞"（英文cell一词就是胡克敲定使用的）。后来，胡克又对大量矿物、植物和动物进行观察，积累了大量精确的资料：两年以后，他编写的《显微图谱》出版：这是世界上第一部关于显微图像的学术专著，向世人提供了许多以前鲜为人知的显微图像和信息，成为17世纪自然科学领域里重要的文献之一。

针眼里的世界是奇妙无比的。

透镜具有将微小东西放大的功能，早在远古时代人类就有意无意地涉猎过。在庞贝城的废墟里人们就发现过透镜。到了13世纪末，玻璃工匠发明了眼镜，荷兰的眼镜商又发明了望远镜和显微镜。

第一批原始显微镜的放大功率还不到10倍，但是它们还是为人类提供了令人兴奋的新视野。那些刚好能被肉眼察觉的微小生物，当放在显微镜下仔细研究时，一切显得那样的复杂多变、稀奇古怪，而且陌生难辨。

一位显微镜爱好者斯特勒特说："连毒真菌都变成了流光溢彩的鲜花丛。"

当时，到处都有的跳蚤成了用显微镜观测研究的最普遍的材料。为了比较大小，列文虎克曾经用虱眼或跳蚤眼来作为标准。人们到处抓跳蚤，观察跳蚤，以至于大家把显微镜戏称为"跳蚤镜"。人们详细地绘出了蜜蜂各个部分、昆虫妙不可言的复眼、线虫的血液、纺织品的纤维组织、蜘蛛的卵等等的图像。

科学家们抱着显微镜不分昼夜、争先恐后地发现世界上"最小的动物"。如果说研究其他科学问题尚有求名逐利的话，那么磨制透镜和发现我们眼睛看不见的东西，往往纯粹出于好奇心和强烈的求知欲望。列文虎克、哈姆、马尔比基和胡克成了第一批闯入微小世界的探险者。列文虎克证实了马尔比基关于毛细血管的发现，描述了鱼、蛙和鸟的红细胞，极其严格地证明了毛细血管连接着动脉和静脉，发现蝌蚪体内动脉血液流向静脉的通路；哈姆细致地观察了鱼和蛙类的受精现象，描述了寄生虫的繁殖；马尔比基则更多地从生命科学的角度探讨微生物世界的奥秘。他最重要的研究包括：血液循环和毛细血管、肺和肾的细微结构、大脑皮层、植物微解剖学、无脊椎动物生物学，特别是蚕从卵到蛹演化中的结构。马尔比基为了确定组织结构，最早使用了染色剂，成为现代组织胚胎学的先驱。

在显微镜发展过程中，最值得一提的还是胡克，他是显微技术的集大成者。他是最早有意识地探究光线与显微镜关系的先驱。他描述了细胞内活物质的生理活动；系统地介绍和传播了同显微镜仪器相关的技术，诸如放大的功率、照明的方法和消除像差的原理。

胡克栩栩如生地描述道："在这几种植物里，当它们仍然是绿色的时候，我用显微镜观察，十分清晰地发现了这些充满液汁的小室或孔道，并且发现其中的汁液在逐渐地渗出。"

有趣的是，他还观察一些木炭及打火石的火星，尽管由于胡克患有眼病，可是他简直希冀把显微镜对准一切事物，重新审视它们的存在。

胡克幻想钻入比针眼还小的世界中，去漫游那里的神奇，一饱眼福。可是，显微技术限制了他，其中主要问题是色差和球面像差以及玻璃的低质量——浑浊、气泡。关于色差，著名的牛顿曾经宣布这个问题永远无法解决。

微妙的世界像迷宫般吸引着永远怀有童稚之心的科学工作者，1755年牛顿的同胞多兰采用冕玻璃和燧石玻璃组合起来，制成了消色差透镜；意大利天文学家阿米西运用"浸没原理"，极大地提高了显微镜的分辨率。后来，德国人阿贝和蔡斯合作生产了世界上品质最为优良的光学显微镜。再后来，直到1938年，美国制成了世界上第一台电子显微镜。

人类所有这些努力，都是为了进入微观世界，探寻"针眼世界"的奥秘。

小小针眼里真有一个大大的世界。

# 马德堡半球实验

　　来自西班牙的邮船终于慢悠悠地靠在了英国码头。

　　一位旅客走下邮船匆忙跳上马车直奔牛津，他的终极目的地是罗伯特·波义尔的实验室。从港口利物浦到牛津，马不停蹄地跑了几天，行色匆匆的旅人要传递一项重要的实验详情。

　　"亲爱的迭戈，先不忙讲，喝点水，休息一下再说，你的来信我们几乎都能背下来了。"

　　罗伯特说。

　　"不，先生，我去西班牙已经耽搁了很久，没有很好地完成您交给的任务。"名叫迭戈的旅人说。

"谁能料事如神，不怨你，不怨你"。罗伯特心中急切地想知道实验详情，但又十分彬彬有礼。

迭戈喝了几口水，用袖口擦了擦嘴巴，就回忆般地介绍起他亲眼所见亲耳所闻的情况……

那还是两年前的事情。

1654年的一天，天空晴朗，万里无云。

德国东南部的马德堡市中心广场，到处是熙熙攘攘的市民，人们议论纷纷，奔走相告。也有些人踌躇犹豫，四处打听……

原来，马德堡市市长奥托·葛利克要利用礼拜天，向市民做一个公开的科学实验。这是一个有趣且极富观赏性的"马拉铜球实验"。

据说，国王陛下还要亲临现场，所以中心广场才如此热闹非凡。

届时，在场的观众中有平民百姓，也有豪门贵族，有热心科学研究的学者，也有怀疑和反对实验的神职人员。在广场中心高台上站着一位中年男子，他就是市长奥托·葛利克。

他大声宣讲"大气是有压力的"，今天就要用实验证实这一点。他风趣的语调使观众觉得演讲不那么深奥了，尽管他们中绝大多数听不懂演讲的内容，但他们确信实验是值得一看的……

经过繁琐的参拜祝祈国王仪式后，人们期待已久的实验终于开始了。

葛利克和他的两位助手首先将两个精心制作的直径一尺多的铜半球壳中间垫上橡皮圈，再把两个半球灌满水合在一起。然后用他们发明的抽气泵抽出半球之间的水，使球内形成真空。最后把抽气嘴上的龙头拧死，这时铜球周围的大气压从外面把两个半球紧紧地压在一起。

"拉开两个半球需要多大的力气呢？"葛利克市长问道。然后，又自问自答道："结论是，用人的力量是拉不开的。有人若不相信，请上来一试！"

从国王陛下的卫队中跃出两个彪形大汉，他们使出吃奶的劲儿也无法拉开，只好带着绯红的面孔退下了。葛利克一挥手，4名马夫牵来8匹高头大马，在球的两边扣环上各拴上4匹。葛利克一声令下，4名马夫用鞭子猛抽两边的马，8匹马拼命用力，两个半球仍然紧紧合拢在一起，纹丝不动。在场目睹这一切的观众无不感到惊奇，原来还有些嘈杂的广场骤然间肃静起来，人们简直不相信这是事实，带着疑惑的目光都注视着8匹马拉不开的两个铜制半球。

葛利克微微一笑，命令马夫又牵来8匹马，一边再增加4匹马。这样，在16匹马的猛拉下，两个铜制半球才勉强被拉开。就在两个半球分开的一刹那间，外部的空气以巨大的力量、极快的速度冲入球内，实验场上发出了震耳欲聋的巨响。

大家为市长的实验成功而欢呼……

迭戈的叙述也激动了在场倾听的每个人的心。他得意地从行囊中掏出一本从维尔茨堡带来的传教士肖特关于"马德堡半球实验"的著作。罗伯特爱不释手地拂去书上的灰尘，脸上露出赞许的笑容。一个精通文墨的西班牙仆人被派去观摩，能办得这样周到，他是十分满意的。尽管意外地耽搁了一些时间，但是可以谅解的。

从此，罗伯特与胡克开始研究空气的状况。他们一开始粗略地搜集有关研究情况。在伽利略的著作《新科学对话》中，伽利略提出了利用真空泵抽取井水及坑道积水的原理。

他说，如同拉伸铜丝时当力量增加到某一界限就会断裂一样，用真空泵吸上的水柱自重，随高度的增加而增加，到了一定极限水柱就会切断。

伽利略的学生托里拆利认为，上述情况可以用空气本身具有重量来解释。托里拆利专门以水银设计了一个实验，他获得了后人尊称的"托里拆利真空"。后来，法国学者帕斯卡也采用托里拆利真空实验证实了气压的存在。

葛利克的"马德堡半球实验"更使罗伯特和胡克兴奋不已。尤其是葛利克那个神奇的空气泵，深深吸引了罗伯特。他熟悉化学实验，清楚地知道空气泵对于化学实验尤其是减压蒸馏之类的意义。

要想深刻地揭示空气性质，必须有一台精巧的空气泵。罗伯特和胡克一起，立即着手改良葛利克的空气泵，在心灵手巧的胡克的努力下，他们制成了一台新型空气泵。新空气泵的特点是用球形玻璃仪器作排气装置，可以方便地从外面观察排气装置内部的变化。

新空气泵一发明，许多长期悬而未决的问题立即迎刃而解了。罗伯特在减压状态的容器中进行了托里拆利实验，对于托里拆利的真空是由气压造成的理论，作了出色的验证。罗伯特利用胡克制成的新空气泵，进行了关于"空气具有弹性"的种种实验。

经过对空气的系统研究，罗伯特于1662年发现了著名的"波义尔定律"。波义尔定律只是以空气为对象进行的完整定量的研究，其后一百多年，由于陆续地发现了其他气体，证明这一定律对于其他气体一般也都适用。

谁欲探索神秘的气体世界，都必须经过波义尔定律这个第一台阶。

当荣誉像雪片一样纷至沓来的时候，罗伯特想到的不是自己，而是艰苦卓绝、锲而不舍的葛利克，罗伯特十分敬重他，禁不住回忆起这位倡导科学实验的市长。

葛利克生于1602年11月20日，马德堡人。年长罗伯特25岁。他从小就养成了独立思考问题的习惯。中学毕业后入莱比锡大学学习，先后在耶拿大学、莱顿大学学习法律、数学、力学，博览群书，知识广博。大学毕业后，曾参军担任军械工程师。后来被选举为马德堡市长。不管是从军、从政，他都没有停止过对科学的探索。

葛利克担任市长以后，长期为抽水机问题所苦恼。不管技师多么高明，一台抽水机也始终不能把超过10米深的矿坑中的水抽到地面。

一切仿佛到了山穷水尽的地步。经过伽利略、托里拆利等大科学家的研究，特别是从空气性质入手，问题才有了转机。在政务繁杂的情况下，葛利克拨冗从事大气压力实验……

罗伯特十分感激葛利克市长。他想，科学就像传递圣火的接力赛，需要一代又一代人持续努力，不管完成使命与否，都将把圣火传递给下一代人。那无限传递的圣火必将照亮和激励着后来人。

后来，84岁高龄的葛利克寿终正寝于汉堡。

作为一位市长，作为一位政治官员，能倡导科学，并亲自在科学上取得如此辉煌的成就，的确是值得人们尊敬和学习的。

岁月流逝，像抹布一样擦去了历史上的许多细节，人们或许已经忘记了葛利克，但一浏览科技史，人们就会看到"马德堡半球实验"，眼前仿佛出现16匹骏马拉开一个铜球的壮观场面，耳边响起半球分开时的轰鸣声……

罗伯特放纵地让自己的遐想驰骋，海阔天空、跨越时空，从各个角度纵横地审视着自己时代的工作。最后，他又把眼光落在"马德堡半球"的模拟品上。

马德堡半球实验，与日月同辉！

# 近代化学之父

安妮，罗伯特家中一个忠诚的女仆。她温柔善良、机敏聪慧，深受罗伯特和助手们的钟爱。她敬重这些献身于科学的人，自称是"科学的女仆"。

记得小的时候，一位庸医开错了药方，造成罗伯特体弱的后遗症，每次身染病痛都要恢复好长时间。一天，罗伯特大病初愈。为了增强体力，从早晨安妮就搀扶着罗伯特在芬芳的花园里散步。

鲜花刚刚开放，空气充满了花香，仿佛可以冲入人的肺腑。罗伯特受了花香的感染，兴致颇高。应安妮的请求，他讲起了化学研究的往事，它们似乎是那样的遥远，又似乎近在眼前……

"化学，在遥远的古代就是炼金术。"

　　"最早的炼金术士是一批深受古希腊文化影响、注重实际的科学型工匠。他们信奉古希腊贤哲亚里士多德的理论。这位智人说，在物质中只要加入不同性质的元素（热、冷、干、湿等），就可以实现物质之间的转化。为了实现物质间的转变，多少人耗尽自己的青春和财富以及他们的生命。他们隐姓埋名，陶醉于炉火烟气之中，从自己亲手炼制的类似黄金的合金中，看到了只要刻苦努力就能炼出真金的前景。"

　　"炼出真金的前景，就如同沙漠幻影、海市蜃楼，它是清晰可见的，但又那样扑朔迷离，你一走近它，它就变得无影无踪了。"

　　当炼金术士像一个疲倦的旅人想停下步伐小憩时，亚翁的谆谆教诲又响在他们的耳畔：

　　"万事万物都会趋于完善，金属中那些不够完善的劣金，总是会变得像黄金一样尽善尽美。炼金术士们拍了拍身上的灰尘，又倔强地昂起他们的头，出发了。"

　　"人类既可悲可叹，又可歌可泣，就为了实现物质间的转变，使普通廉价的金属转变成价值昂贵的黄金。2000年来，炼金术士们可谓前仆后继，酿下了多少悲喜交织的涩涩的苦酒。经常饮醉苦酒的人，要么醉生梦死了，要么觉醒。后来，他们渐渐意识到，既然炼不出黄金，可以炼药。睿智的中国人也有类似欧洲人的炼金历史，但他们先走了这一步，整整比欧洲人先梦醒了将近1000年。我们的欧洲同行可就惨了，直到两百多年前才走出炼金不成的怪圈……"

"谁第一个走出'炼金'迷宫？"安妮急切地想知道一切，对知识她总是显得有些急促的。

"有三个人值得一提，毕林古乔赫赫有名，帕拉塞尔苏斯大名鼎鼎，阿格里柯拉青史永存。"罗伯特不愿意让安妮失望，庄重地点出了三个人的名字。

"意大利人毕林古乔引导人们去冶炼其他金属，瑞士人帕拉塞尔苏斯带领人们进入医药化学世界，德国人阿格里柯拉促使人们更加重视实用。因而从炼金术这棵树上生长结出了冶金化学、医药化学以及实用化学的丰盛果子。人们真应该感激他们，没有他们，人们不知道还要在炼金术中摸索多久。人类的进步就像建筑，新一层一定要建立在下一层之上，这三位贤哲就是我们今天成就的基础呀。"

"哦，我知道了。他们之后就是先生您了。您平时都告诉人们，研究物质变化不仅是一个冶金、制药的内容，而应该把它作为一门专门的学问来深入研究。看来，您就是今天的毕林古乔、帕拉塞尔苏斯和阿格里柯拉了。"

罗伯特哈哈大笑。

"你简直太会说话了。其实，能够自觉意识到这一点的，在我们这个时代，不止我一个人，不过在大张旗鼓地宣传这一点，让更多的人了解，特别是以实验奠定化学发展基础，我则是特别卖力气的。"

"不管怎么说，从炼金术到化学，您是极为重要的。大家都说您是近代化学的奠基人。"安妮平素特别留心别人对罗伯特的评价。

"不宜这样说，工作永远不是由一个人所能完成的。其他几个人的贡献也值得大书特书。"罗伯特一贯谦逊随和，这也是他赢得人们尊敬的因由。

"还有几位前辈值得怀念，你愿意听我唠叨吗？"罗伯特问道。

"愿意，非常愿意！"安妮的回答是真诚的。

"任何事业的繁荣都要依靠一批人的奉献。像李巴维、海尔孟特和格劳伯就属于这样的人。"

李巴维是一位德国医药化学家，作为帕拉塞尔苏斯医药化学派的继承人，他并不是盲目地追随先人。他担任了德国莱顿大学的化学教授，写出了历史上最早的第一本真正意义的化学教科书。该书出版于1597年，作者力图用有限篇幅将我们今天称之为化学的各个学科的全部要点包罗无遗。经过李巴维综合概括所完成的教科书，结构严谨，内容丰富，包括对矿物、金属、矿山废水（主要是各种盐溶液）的分析和相应的理论。书中附有两百多张各种化学实验器具和实验室的设计图。全书行文流畅，清晰明白，堪称16世纪化学著作的典范。

李巴维最早创制了"化学（Chvmia）"一词，并定义为它是通过从混合物中析出实体的方法来制造特效药物和提炼纯净精华的一门技术。他不仅是一个理论家，对化学的实际知识也作出了大量开创性的贡献。他对氯化锡的研究有着高深的造诣，因此，为了纪念他对化学发展的贡献，长期以来人们都用他的拉丁文名字命名氯化锡为"李巴维发烟精（Spiritus fumans Libavii）。"

"他们真是天才，简直是上帝派到人间来的知识使者。"安妮十分钦佩这些既有知识又十分擅长动手的人们。

"他们确实是神奇的一辈。他们坚苦卓绝，吃苦耐劳，根本不像养尊处优的贵族。像海尔孟特就很典型，海尔孟特出生于布鲁塞尔古老富有的贵族之家。但他宁愿以医为业，并在化学实验室从事艰苦工作，而不愿过豪华的贵族生活。他崇尚实验，不求名利，过着隐居生活。"罗伯特感叹地介绍着海尔孟特。

"先生，您说的海尔孟特好像就是您自己。我没有弄错吧！"安妮深深地了解罗伯特。

"我敬重海尔孟特先生，当然处处以他为榜样，尽可能地效法他。我认为海尔孟特才是一个真正的学者。化学家波尔哈维曾经告诉我说，海尔孟特不论白天黑夜，完全投入化学操作，以至于他的邻居都不认识他。"

"海尔孟特在认识化学物质方面作出了许多贡献，尤其在实验方面，他比许多学者更加伟大。"罗伯特一边叙述一边陷入沉思当中。

海尔孟特堪称罗伯特时代之前的伟大化学家。他提出了虽然粗糙但十分独到的元素说。他曾经用5年的时间从事"柳树实验"，以证明元素之间的转化。尽管实验结论是不正确的，但却是科学史上进行的第一个定量研究的范例。

在海尔孟特时代，人们对气体的认识还是极为幼稚的。通过实验，海尔孟特区别了几种气体，创造了"气体（gas－新名词）"。从而第一次区分了空气（air）、蒸气（vapor）和气体，成为18世纪兴旺蓬勃的气体化学的先驱者。

罗伯特深受海尔孟特的影响，一直将海尔孟特当做化学权威来援引。他对早期的元素说提出过怀疑，这一点对罗伯特提出科学的元素概念产生了一定的积极影响。

罗伯特处处追随海尔孟特，自称是海尔孟特的学生，尽管在罗伯特17岁时海尔孟特就告别了他心爱的实验室，告别了化学。海尔孟特是从炼金术走向化学的一座桥梁，难怪罗伯特对女仆安妮如此推崇海尔孟特。

罗伯特向安妮提到的格劳伯也是一位德国化学家。他因一系列化学发明而名声大振。他使人们重视化学，关心化学，到现在人们仍然称"芒硝"或硫酸钠为"格劳伯盐"。他提高了化学蒸馏技术的整体水平，改进了制备酸的方法。在三酸（硫酸、盐酸和硝酸）制备的过程中，格劳伯都有很大的贡献。更为重要的是，他提出了盐的组成可以分为两部分的结论，并逐渐接近形成化学亲和力的思想。

化学反应作用机制，一直是困扰从炼金术士到今天化学家的"斯芬克斯之谜"。第一个探讨这个问题的是古希腊先贤恩培多克勒，格劳伯则是近代的第一人，他最早意识到化学是关于"合分"的艺术。

罗伯特和安妮一边走一边聊，不知不觉时间飞快地过去了。

罗伯特滔滔不绝，谈的都是别人，其实也只有罗伯特才有资格谈及他们，因为只有罗伯特继承了他们的传统，并且发扬光大，成为近代化学之父。

# 熟视无睹的空气

德昂格范爵士，是罗伯特的外甥。

他十分关心舅舅的生活，同时又对罗伯特放弃贵族生活而从事艰苦的研究十分不理解。他几次写信，称罗伯特是"斯多蔼舅舅"（意思就是苦行僧舅舅）。他多次写信恳求过舅舅罗伯特叙述他科学研究的状况，让外甥也一识"庐山真面目"。

罗伯特告诉德昂格范，人们虽然生活在这个自然界中，但是人们并不熟悉它，它是沉默无语的，不需要向人们诉说什么。如果人们懒惰的话，那么自然界的奥秘就会永远珍藏着。

当人们对身边的事物情理有所怀疑时，自然界包括熟视无睹的空气在内，它就想袒露秘密了，如果你以实验对抗它的话，它顽抗一阵就投降了。

哲人们常说，你越是熟悉的东西，你就越缺乏对它的了解。

比如，空气与人类相伴相随，每日须臾不可离开，可谓熟悉至极。但是，人类受空气润泽滋养千百万年，却对空气一无所知。古希腊哲学家阿那克西米尼对空气进行过深刻的探索，他为空气对人类和万物的作用而倾倒。最后得出结论，万物产生于空气。古代中国的著名学者王充在他的著作《论衡》中，也提出过类似的"元气说"。

亿万斯年，空气存在发展，包含着斑斓多彩的内涵，愚钝的人类却对它熟视无睹。据德国著名化学家克拉普罗特讲，他在柏林求学，钻研化学时，看到过一本书名叫做《平龙认》的中国古籍的译本，书上说中国有一个叫马和的人发现，空气是由两种气体组成的，其中对"阴气"的性质描述十分类似当时拉瓦锡刚刚发现不久的氧气。这大概是近代科学诞生之前，人类对空气最深刻的洞悉了。

文艺复兴时代以后，随着新的生产方式的出现，人类视野日益扩大，走上了探索空气奥秘的旅途。最早是海尔孟特通过研究燃烧而开始的。海尔孟特谈论并区别开的气体就有二氧化碳、一氧化碳、二氧化氮、氢气和甲烷等十多种气体，他主要从空气物质组成的角度来研究气体，被后人称为"气体化学家"。比海尔孟特稍早一点的伽利略和他的学生托里拆利又从空气的物理性质角度加以探索，德国马德堡市市长葛利克成功地进行了空气压力的实验演示，深化了人们对空气的了解。

科学家们的研究使人类重新认识了空气。原来看不见、摸不着的空气，现在成了具有奇妙无比性质和多种气体组成的一种神奇的物质。罗伯特之前的科学研究揭开了空气神秘的面纱，使人们对空气感兴趣，愿意为研究空气而奋斗。

罗伯特崇敬海尔孟特，很想模仿他的言行。罗伯特是从燃烧入手研究空气的，这一研究途径，使罗伯特从化学与物理两大领域入手，从两个侧面揭开了空气女神的面纱。

开始时，罗伯特对空气压力的效应很感兴趣。也难怪，当时整个知识界都在谈论着"托里拆利真空"、"马德堡半球"。那神秘奇怪的现象，壮观动人的场面，吸引着市民与科学家。谁也不能阻挡住时代的诱惑。波义尔迷上了空气。

早上说空气，中午谈空气，晚上还是聊空气。十二万分的迷恋，彻心彻骨地感兴趣，就是普通人也会作出令人吃惊的成就，况且智慧过人的罗伯特。为了说明空气的可压缩性，罗伯特把空气粒子比作小弹簧、羊毛片或小海绵。在空气柱中较低处的"弹簧"，受到上面空气重量压缩，而出现空气的弹性。

艰难的构思，单调的实验，枯燥的重复，没完没了的论辩，在普通人看来是难以忍耐的生活，在罗伯特及伙伴看来却甘之如饴。这就是科学家的过人之处。

功夫不负苦心人。

1662年，罗伯特发现了以他名字命名的定律：气体的体积与压力成反比。他在压强大于大气压和压强小于大气压两种情形下都用实验证明了这个定律。这个定律也叫马略特定律，但马略特一直到1679年才叙述这条定律。

罗伯特回忆起童年时代，在家沙龙里的争论；回忆起笛卡儿论述过的粒子涡旋学说，他仿佛借来一双慧眼，一下子看清了原来云遮雾罩的空气构成的世界。

在罗伯特时代，笛卡儿提出了粒子说，另一位笛卡儿同胞伽桑狄提出了近代原子微粒说。罗伯特从弗兰西斯·培根的著名著作里也接受了微粒理论，所有这些理论修养使他比其他人高出一层，比较好地把握了空气的本质。

罗伯特的燃烧实验，最初是同胡克一起合作的。心灵手巧的胡克改进了葛利克的抽气机，用它可以轻而易举地抽空容器中的空气，制成真空。罗伯特和胡克在近乎真空的容器中进行燃烧实验。他们发现，当容器没有空气时，火药燃烧时只冒烟而不起火；当通入空气时，火药发出耀眼的白光，激烈地燃烧起来。这些实验使他们产生火焰没有空气不能存在的认识，最终体会到，燃烧是不能离开空气的。

通过空气的系列燃烧实验，其中包括磷、硫黄、氢气等在封密容器里燃烧，增加空气或减少空气，最终罗伯特意识到空气中有一部分活性物质是不能完全被消耗掉的。

罗伯特关于空气及真空的研究，以写给外甥德昂格范爵士的书信形式予以发表，立即受到学术界的重视。当时，关于真空的存在与否，还进行着两种观点的争论。真空论的反对者群起反对罗伯特的新实验，其中反对最有力的是哲学家兼神学家托马斯·赫布兹和弗朗西斯克斯·利努斯教授，利努斯教授不仅反对真空，甚至连托里拆利的实验也不相信，竟说托里拆利的水银柱不是由外部气压造成的，而是被一种眼睛看不见的线向着管壁的顶端引吊上去的。他们一方面妒忌托里拆利、罗伯特的名声，一方面又打着科学争论的幌子，反对科学实验的结论，甚至连气体的弹性都加以否定。

科学实验的发展表明，越是敢于在人们熟悉的事实里，提出科学结论的人，越需要惊人的勇气。空气，人们十分熟悉，仿佛每个人都十分了解似的。因此，罗伯特及其同伴提出空气的科学理论时，反对者就理直气壮地加以反对。

开始，争论还围绕着科学性及其范围进行，后来理屈词穷的反对者抵挡不住真理，就开始进行人身攻击。他们说，皇家学会的老爷们"除了称量空气有多重之外，不会干别的事"等等，反对脱离生活实际的纯科学研究。

为了驳斥这种不公正的责难，罗伯特著书阐述了自然科学研究对于文明与进步以及对于经济发展所起的有益作用。这就是罗伯特的名著《关于实验科学用途的若干考察》。

人们在事后通常认为，科学进步是一帆风顺的，仿佛正确的东西战胜错误是天经地义的事情。其实并非如此，科学每前进一步，都要经过正确的东西向错误的东西开

战。当反对者卖力气反对气体的弹性时，罗伯特再次进行
了确证空气弹性的实验，实验更加精确、简洁，更加便于
他人了解。

罗伯特是一个高产科学家和作家，他背后有一个坚
强团结的研究小组。1662年，罗伯特发表了关于空气弹力
的著作。赫布兹和利努斯的反对论被驳倒了。罗伯特不仅
验证了托里拆利水银实验的正确性，而且在改进实验中，
发现了"一定量空气的弹力（压力）与容积是成反比例
的"。

罗伯特关于空气性质的研究，较一般气体研究超前了
大约一百多年。罗伯特的空气研究作为气体研究的特例，
其基本内容在过了140年之后，才由夏尔路、道尔顿、
盖·吕萨克等人完成。

晚于罗伯特140年，法国物理学家马略特也独立地发
现了空气的这一定律。所以，现代物理学教科书将其称为
"罗伯特——马略特定律"。这是人类研究空气最早发现
的定律之一。

我们经常说，要培养科学思维的能力。这种科学思维
能力的体现之一，就是要对人们熟之又熟、习以为常的事
物，予以怀疑，把人们认为是确定无疑的认识，加以批判

地分析，而不是盲从于所谓专家学者的结论；进行独立地
思考，依靠实验加以验证决定取舍，形成科学的理论和认
识。

# 毕业于"无形学院"

罗伯特一生没有读过大学，谈不上受过什么高等教育。但是，他学识渊博、知识丰富，是一个大学问家。

当人们好奇地问他是哪个学院的毕业生时，他爽朗地一笑，说："我毕业于'无形学院'。"

1646—1647年，罗伯特在伦敦加入了名为"无形学院"的俱乐部。这是一个创始于1644年末的自然科学爱好者的小型沙龙组织，每周集会一次，座谈一些自然科学问题。

由于从吉尔伯特、培根时代开始，研究自然科学的人物，都是上流社会的知名人士。所以贵族和一些富裕的家庭纨绔裤子弟也赶时髦，凑热闹。最初"无形学院"的成员很复杂，经过一年的淘汰，无形学院的成员开始比较稳定了。大多数无形学院的会员是由医生、牧师等业余科学家组成的。

罗伯特进入无形学院的时候，年仅19岁，他风华正茂，接受新事物的能力极强。

他经常来伦敦，就住在姐姐家，他最喜欢去的地方就是"无形学院"。一开始，无形学院的爱好者们讨论和重复皇家御医吉尔伯特的磁学研究；后来，又学习英国医生哈维关于血液循环的早期研究。

在学习和研究中，罗伯特简直为培根的实验主义所倾倒，以往提出的许多疑虑都被培根说清楚了。

能够改变世界历史进程的人是为数不多的。培根就是改变了世界历史进程的伟大人物，他值得人们崇拜和倾倒。培根相信，唯有自然的研究，才是导致人类生活进步的最大力量。他特别强调指出，造成各个国家和民族进步不同的因素，不是风土和人种的区别，而是技术发展的差异。培根十分推崇中国发明的印刷术、火药、指南针和造纸。

罗伯特十分钦佩培根的下述思想：只有有组织地推进

科学研究、科学发明和科学发现，才能增进人类生活的幸福。

很快，罗伯特成了无形学院的积极分子，也成了培根主义的追随者。他往返于乡间和伦敦，沉醉于无形学院探讨自然科学的生活。集会的地址，起初是在会员哥达特家里，不久迁到伦敦郊区的古雷夏姆学院。这个学院的天文学教授法斯塔是俱乐部的积极组织者。他征得院方的同意后，把自己的办公室作为俱乐部的活动中心。

那是一个多么温馨的组织呀。人们高雅文明的举止，礼貌深邃的谈吐，交流着对自然界奥秘的信息。在俱乐部里，罗伯特迷上了化学。

1654年，罗伯特不堪乡间生活的寂寞，又十分想念"无形学院"的朋友们，于是举家迁到牛津城。因为这时的"无形学院"已经比较稳定。当罗伯特在乡间忙于修筑化学实验加热炉时，议会派的军队攻占了牛津，执政官克伦威尔任命了"无形学院"的会员维尔金斯担任牛津瓦当学院的院长。随着牛津条件的改善，无形学院的会员们也陆续迁往牛津。

罗伯特一开始寄居在牛津大学附近的一位药剂师家中，后来罗伯特自建了一个实验室进行科学研究，同时学习希伯来文和希腊文，罗伯特在"无形学院"的学术氛围中受到了良好的教育。这是一所没有围墙的大学。这里并不颁发文凭，也没有人监督，完全凭着大家对自然科学的热爱来维系着、发展着。它孕育了后来的皇家学会。

知识摇篮的牛津呀，到处都是知识，到处都是人才。罗伯特真正找到了他的知音。这里聚集着克里斯特法·连、罗伯特·胡克、维尔金斯和配第等，他们富有才华，小小俱乐部充满着创造和开拓。在这里，只有真正发现自然科学奥秘的人，才赢得大家的尊敬。

在牛津无形学院，人们迅速地传递着最新的科技信息，及时纠正着其他各种科学研究的错误，所以置身其中的人是会得到迅速提高的。

罗伯特在无形学院相当于攻读了自然科学的硕士学位，掌握了十分系统的科学知识。难怪他晚年总是回忆在牛津无形学院的日子，对那些日子无限眷恋。

罗伯特一边学习，一边参与了缔造后来名闻天下的皇家学会，真是幸运之星。

由于当时英国的动乱，"无形学院"小组的成员都希望该学院能够成为一个受法律保护的团体。1660年，该小组决定组织一个能得到国王特许状的团体。1662年，国王颁布特许状，正式设立"皇家学会"，全称为"伦敦促进自然知识皇家学会"。其实它并非皇家建立，而是由会员自主设立和经办的自治团体，经费也是由会员缴纳的会费提供的。

1665年，在学会首任秘书奥尔登伯格的辛勤操持下，皇家学会会刊《哲学学报》创刊了。所有这一切，为罗伯特的成长创造了条件。皇家学会成立之初，人们就推荐罗伯特做首届干事长（会长）。罗伯特不善操持会务，性格又比较腼腆，所以就以身体欠佳为由婉拒了。

在皇家学会，罗伯特比较系统地进行的科学实验就是"空气性质"实验，奠定了发现著名波义尔定律的基础。

在牛津，罗伯特结识了天才的实验家罗伯特·胡克。当时胡克正在维尔金斯的实验室工作，两人一见面，马上为对方的才华和见识所倾倒。罗伯特马上宣布雇用胡克。历史进程表明，罗伯特和胡克相遇牛津大学是一次多么有益人类的事件！

胡克是一位卓越的实验室大师，又是一位构想奇特、创意无限的仪器发明制造大师，他的优长弥补了罗伯特的缺点，两个人可谓珠联璧合，相得益彰。

当罗伯特在皇家学会发表气体定律时，谦虚又实事求是地说：

"这个理论虽然是我想出来的，但是，这些实验都是我的助手胡克帮我做的，这里面也有他很大的功劳。"

在科学史上，由于罗伯特、胡克、梅猷等人，一生工作在牛津，虽然胡克、梅猷不是牛津大学的毕业生，但是他们还是被称为"牛津派化学家"。

在牛津，罗伯特没日没夜地工作，使他染上了肾病。据说，罗伯特随身总是带着温度计，随着气温的变化而更换不同的衣服。

牛津的生活陶冶了罗伯特，使他重新审视了贵族的含义。他不重视贵族的世俗头衔，情愿在劳累而高尚的科学研究中度过一生。

在牛津城，一生独身的罗伯特获得过真正的爱情。他的朋友说，在所有的实验中，罗伯特对结婚生活却根本没有进行过实验。罗伯特曾经向孟茅斯伯爵家的一位才貌兼备的小姐求过爱，为此还专门写过一篇情切辞美的《崇高的爱》的文章。这段浪漫的历史永远埋藏在罗伯特的心中了。

从罗伯特一生的几个转折点可以看出：罗伯特与"无形学院"的联系像获得火箭的助推器一样，使罗伯特成为事业飞人，并创造了科学的奇异王国。

# 怀疑派化学家的对话

1661年，秋季刚刚过去，天气日渐凉爽。

罗伯特惦记着出版商凯德维尔那里的信息，因为他花了几年工夫撰写的著作就要在秋季杀青问世了。他用尽了心血的著作会面临着怎样的命运？为此他忧心忡忡，每天盼望着邮差的到来。

一天，天色将晚，罗伯特已经等得不耐烦，准备回去休息了。这时一串清脆的马蹄声敲碎了黄昏的寂静。邮差气喘吁吁地喊道：

"快出来领取邮件！"

原本仆人就可以做的事，可罗伯特迫不及待地跑了出来。他急切地打开包裹，拿出还带着一缕缕墨香的新书，从头至尾翻阅起来。只见硬壳布脊的封面印着醒目的书名：

《怀疑派化学家》。并非为了避免沽名钓誉之嫌，罗伯特署了真名。以往科学书籍都是以拉丁文印刷，这次罗伯特感到自己的研究工作在英国完成，又是以英国学者为读者对象，因而用英语写作出版。这在当时还是相当具有叛逆精神的。

罗伯特十分崇拜伽利略，就如《新科学对话》一样，这部书也采用了对话形式。对话者是代表罗伯特见解的卡尔尼亚迪斯和担任听者角色的艾莱乌特里乌斯。另外两位诘难者，一位是亚里士多德四元素论代辩者特米斯蒂乌斯，另一位是帕拉塞尔苏斯三元素论信奉者菲罗普努斯。

在现代科学史著作中，人们称罗伯特·波义尔为"近代化学之父"，其基本的理由就是，他在《怀疑派化学家》一书中，第一个确立了近代化学的元素假说。这部著作对罗伯特时代化学界广为信奉的元素观进行了批判。

罗伯特望着自己的著作，就好像农人望着成熟饱满的庄稼。按照惯例，他让助手们寄些书给外地的一些科学界朋友和"无形学院"的会员。有些还寄给了国外的科学界同仁。

不久，人们开始议论起这部新颖独到的著作来了。普遍一致的良好反响，使朋友们纷纷建议，让《怀疑派化学家》再以拉丁文出版面世。在罗伯特生活和工作的时代，国际交流的主要语种是拉丁语，只有以拉丁文写成的著作，才能为更多的科学家所知晓，才能在科学家中形成影响。

谈起17世纪的化学，大体上说，广为传播的元素论，有以火、水、空气和土四者称为元素的亚里士多德的四元素论，和以汞、硫酸和盐三者称为元素的帕拉塞尔苏斯的三元素论。

亚里士多德的四元素论，流行了数千年，影响甚重甚广甚深；帕拉塞尔苏斯的三元素论兴起于16世纪，它是医药化学的产物，以批判炼金术的反思为形象出现，也具有很大影响力。罗伯特时代，帕拉塞尔苏斯的三元素论比亚里士多德似乎更占上风，所以《怀疑派化学家》一书的大部分篇幅，是将批判的锋芒指向三元素论的。

帕拉塞尔苏斯出生在一个移居瑞士的德国医生之家。他先学炼金术、矿冶学，后获医学博士学位，又担任了大学教授。他为人放浪形骸，性格暴戾，大半生都在各地奔波流浪，经常在小酒馆里陪着农民聊天，和衣躺在地板上睡觉。他的大部分著作都未能在生前问世，直到死后二十多年才得以陆续出版，受到读者和学术界的赞赏。

帕拉塞尔苏斯在阿拉伯炼金术士贾比尔的硫、汞二元素论的基础上，吸取了德国炼金术士瓦伦亭的思想，补充了盐作为元素，提出了"三元素论"。帕拉塞尔苏斯认为，万物均由硫、汞、盐三元素所构成，硫是可燃性要素，汞是挥发性要素，盐是凝固性和耐火性要素。任何物质分解，都可以得出这三要素。

硫、汞、盐三元素，从表面上看来，似与实际情况相吻合，因而很快就取代了欧洲中世纪的元素观，得到了医药化学家的承认，成为一种广为人们所接受的化学观念。

由于帕拉塞尔苏斯敢于创新，猛烈抨击传统理论，特别是他与欧洲宗教改革运动发起者马丁·路德同一时代，所以人们把他誉为"化学中的路德"。

罗伯特要与当时的化学权威一比高低，还是需要相当勇气的。为了确立科学的化学，罗伯特首先考虑到的一个基本概念是元素。他批判当时的元素论的理论武器，是以笛卡儿的粒子学说为核心的，辅之以伽桑狄的原子论的混合体的理论。但是，罗伯特的粒子学说与笛卡儿的理论又略有不同，他认为构成自然界千差万别的所有物体的根源物质，只有一种称为"普遍物质"的东西。

构成自然界，只有一种物质是不够的，还必须通过运动。"普遍物质"因自身的运动而被分割成不同形状和大小的微粒子，再经过运动就形成肉眼看不到的粒子，这些粒子相互分离和结合，即构成肉眼看得见的物质世界，它们便是构成物质的元素。

罗伯特认为，元素就应该是这样的："元素并不是由其他任何物质构成的，它是直接生成各种化合物的成分，而且，当将化合物分解到极限时，得到的是某种原始的、具有完全单一性而非混合性的物质就是元素。"

罗伯特所定义的元素，相当于我们中学所说的"单质"。罗伯特在《怀疑派化学家》一书中举例说明了什么是元素。

比如，黄金可以溶解于王水中，虽然在王水溶液中看不到金子了，但金粒子在溶液中存在的事实，可用向溶液内添加适当试剂，使之产生金的沉淀加以证明。这些在化学反应中不能再分的金粒子就是元素。

罗伯特认为，不应当把化学简单看成是一种制造贵金属或医药品的技艺，而应当看做是科学的一个分支。他指出，"当前从事化学研究的人普遍认为化学几乎只是为了制备药物或改善金属，而我倒很愿意把从事这门技艺的人，不是看做医士或炼金术士，而是一个科学家。"罗伯特强调化学的独立性，对于后人启示极大。

他的化学观使人们从炼金术中醒悟。

罗伯特说，我们的化学，绝不是医学或药学的婢女，也不应甘当工艺和冶金的奴仆。化学本身作为自然科学中的一个独立部分，是探索宇宙奥秘的一个方面。化学，必须是为真理而追求真理的化学。

在罗伯特之前的时代里，人们往往认为自然界的万物仅仅是由几种简单的要素构成的。

如四元素论、三元素论。中国人的五行说也是如此。这种简单的认识当然功不可没，但是由于他们的简单性，所以就闭塞了走向真理的大门。罗伯特是人类中最早意识到这一问题的人之一。他认为作为万物之源的元素，将不会是很早指出的几种。他在《怀疑派化学家》一书中猛烈地抨击了当时流行的三元素、四元素论。他认为那些纯粹是假想，是站不住脚的，它就像有一个人"在读一本用密码写的大部头书，而这密码他只认三个字，但却想破译这整本书"。他指出，自然之书可能需要远远多于三四种元素来破译它。从罗伯特之后，寻找化学元素的实验就成为探索科学真理的重要内容之一。迄今为止，人类发现化学元素已达120多种，还有迹象表明，这也不是终结。

在《怀疑派化学家》一书中，怀疑派化学家卡尔尼亚迪斯由于手中掌握了实验的武器，提出了足以摧毁大多数陈旧元素观念的令人信服的证据。罗伯特的著作使人们更加坚信，在科学争论中，最有说服力的是实验，有无实验证据成为评价一本著作优劣的标志。

在圣保罗广场的书店里，人们踊跃地购买《怀疑派化学家》，形成了难得的热潮。

科学的生命就是通过书籍一代一代地延续开来的。如果追溯化学的源头，那就去阅读罗伯特的著作吧。

# 行为远比思想高贵

在近代科学奠基的时代，人们仍然像以往那样积极地思维、想象，但是一个革命性的行为模式出现了。那就是，用实验来彻底验证思维的内容是否正确。引导人们走上这条道路的是培根，而真正的实践者是罗伯特。

弗兰西斯·培根去世后的第一年，罗伯特诞生。

培根十分推崇科学的方法。

科学方法又必须从系统的观察和实验开始，达到普遍性有限的科学真理。再从这些真理出发，通过渐缓的逐次归纳，达到更为广阔的概括。培根在他的乌托邦式的《新大西岛》一书中，描绘了有组织的科学研究机构。罗伯特及其同伴深受这位罕见的学识渊博而又才华横溢的大法官的著作的影响。

罗伯特一生永远对事物怀有好奇心，他热衷于实验，特别是以实验为基础的经验。罗伯特一生几乎涉猎了当时科学的全部领域，没有一个同时代人做过的实验他没有尝试过的。

现在，大家都知道空气是声音传播的媒质，没有空气的真空就不会有声音。马德堡半球及抽气机发明人葛利克第一个进行了空气与声音及听觉的实验。罗伯特听到别人介绍这一实验时，不是耽于遐想，而是立即重复地进行了这一实验。他在抽气机的容器里用线悬挂一个铃，由一个时钟装置使它敲响。他发现，随着容器中的空气被逐渐抽去，铃声变得越来越轻。

那么，增加空气铃声会怎样变化呢？罗伯特不仅仅在想，而是马上付诸实践。同时代的人都称罗伯特是经验主义者。罗伯特说，就发现科学真理而言，行为远比思想高贵。苦思冥想一辈子，也不如动一动手，行动是万能的。

早年，罗伯特由于体弱，很早就留意温度，天气的一冷一热，往往要剥夺罗伯特许多宝贵的时间。他为此曾经对温度计的研制作出了很重要的贡献。

经过科学史家们的考证，近代第一个温度计是伽利略发明的。他最早利用空气受热膨胀的原理，设计制作了一个空气验温器或者说空气温度计。后来，佛罗伦萨学院制成了比较精确的温度计，并确定了温度标准。

罗伯特是欧洲最早进行测温实验的人，他根据托斯卡纳的斐迪南大公二世的改进，用胭脂红色的酒精制成温度计，建议用茴香子油的凝固点作为一个定点，提出了温标的概念。后来，经过胡克、惠更斯等人的改制，终于制成了接近现代意义的温度计。

晚年，罗伯特已经是著述丰厚，发明、发现成果累累，涉及的领域相当广泛的大科学家。他不仅研究了有关化学、生物学和物理学等方面的问题，而且也对动物的呼吸、血液循环等医学问题有所建树。1662年，英国国王查理二世赐给他一所在爱尔兰的庄园。罗伯特名声赫赫，被视为英国科学界的泰斗，各地纷纷授予他荣誉头衔。他经常应邀入宫，成为国王的座上宾，显贵们认为哪怕与这位"泰斗"谈几分钟话，也是光荣的……

所有这一切都没有使这位科学家感到沾沾自喜，他没有放弃本职工作，仍然热衷于实验。

罗伯特始终不能离开他精心设计建造的实验室，他呆在实验室里就感到惬意、舒畅，离开时就觉得有一股失落、怅然的滋味。

在近代科学历史上，欧洲社会有一批贵族，他们富有而不图安逸，显贵而不求虚荣，他们锐意进取，富有探险精神，意志坚定，献身于科学，他们是新的"贵族"。

海尔孟特就是这样的新贵族，后来的罗伯特、卡文迪许、德布罗意等等，都堪入此列。波尔哈维描述海尔孟特时说，他"不论白天黑夜，完全投入化学操作"，这使他在认识化学物质方面作出了许多贡献。罗伯特更颂扬他"在实验方面比许多学者所乐意认为的更加伟大"。

其实，罗伯特的这句话，正适合罗伯特本人。在近代科学史上，作为一个伟大的奠基人，罗伯特在科学实验方面的作用，无论如何推崇也是不过分的。

罗伯特还继承了海尔孟特"处处都要用天平"的习惯，意识到了研究的定量性的重要作用，尤其重视科学仪器的作用。

众所周知，近代科学的主要特征之一在于使用科学仪器来探索自然物质运动的奥秘。这些科学仪器的功能各不相同，它们使观察者得以大大改进原来仅凭肉体感官进行的观察。它们可能使观察者发现那些以往根本观察不到的东西。在17世纪，至少发明和使用了6种非常重要的科学仪器，即显微镜、望远镜、温度计、气压计、抽气机和摆钟，它们改变了科学发展的历史进程。

罗伯特和胡克等人，参与了显微镜、温度计、气压计、抽气机等的改进和研制。很难设想，要是没有上述科学仪器的帮助，近代科学会有那么大的发展。

历数罗伯特在实验方面的作为，尚有以下几项：

罗伯特观察了动物在没有空气情况下的行为，用实验系统地考察了空气在呼吸和燃烧中的作用机理。罗伯特借助抽气机的功能，抽掉空气进行实验，他发现通过从气管上的开孔把空气注入狗肺，已解剖的狗的心脏还能跳动一个多小时。

罗伯特还改进了磁倾计，用以测定地磁偏角。为了测量各地海水的不同比重，罗伯特改进并研制成比重计。直到今天，人们所使用的海水比重计还是罗伯特式的。

罗伯特还亲自测量了声音的速度。他使用的方法是，用一支步枪向远处射击，观察者处于适当的位置进行观察，然后测量从看到闪光到听到声音所需的时间，再除以距离，即可得出正确的声音的速度。

在葛利克的鼓励下，罗伯特做了许多电学和磁学实验。

为了弄清楚宝石的秘密，罗伯特对宝石进行了大量的实验，于1672年发表了《论宝石的起源和功效》一书。

1666年伦敦大火烧毁了圣保罗大教堂。罗伯特等人曾经专门研究过彩色玻璃的机理和性质，通过实验制成了红色玻璃。

罗伯特所处的时代，正是科学"搜集材料"的时期。他们持之以恒地探索，不可遏制的好奇心，坚忍不拔的吃苦耐劳精神，都体现在他们的行为上。

天道酬勤。欧洲近代科学终于从实验之花里结出了丰硕之果。

# 不爱钱财爱科学

钱财并非是人见人爱的东西。

许多理论家以为人们的行为动机背后，最深刻的原因离不开经济。说得通俗一点就是钱财的刺激，对于绝大多数人来说是一种动力。

罗伯特的一生则是一个反例。

追求真理，献身科学，永无止境地探索，构成了罗伯特的一生。

罗伯特生于一个爱尔兰的富豪之家，是约克公爵的第七个儿子。在17世纪的英国，一个爱尔兰伯爵拥有大量的田产、庄园和城堡，还拥有佃户与奴仆。广大农民租种公爵兼大地主约克家的土地，定期交纳封建地租。

从16世纪到17世纪初，资本主义不断地深入英国农村，贵族不断地发生分化。从旧贵族内部分化出资产阶级化的贵族，即所谓新贵族。这些新贵族多半兼营工商业，经营牧场或农场，既有广大土地，又是富商或金融家。约克一家拥有从利兹莫到约查尔港一带广大的庄园，是爱尔兰西南部芒斯特州有名的富豪之家。

罗伯特的兄长姊妹都与其他贵族家庭缔结姻缘，形成了财大势强的社会根基。而罗伯特却终生未娶，成了约克公爵家一位流芳千古的不爱钱财爱科学的好男儿。

作为新贵族的理查德·罗伯特，认为子女不可娇惯。因此，小罗伯特生下来后，就被送到农村寄养，4岁时回到利兹莫城，但母亲已经去世了。

罗伯特与哥哥法兰克一同进入著名的英国贵族子弟学校伊顿公学。他们由两名仆人伴随，寄读在伊顿公学教师的家里。根据仆人给父亲送的报告，说哥哥法兰克嗜好赌博，弟弟罗伯特则酷爱读书。

从伊顿公学毕业后，兄弟两人研修两年，随即在家庭教师和两位仆人的陪同下，游学欧洲。罗伯特·波义尔在瑞士日内瓦逗留两年，接受了加尔文新教。正是这一信仰成了决定他一生道路的重要因素。在罗伯特少年时代，宗教对人们的日常生活有着决定性的影响。

加尔文教是宗教改革的产物。除了反对异端和迷信上帝之外，它还倡导节俭、勤劳和专注一项事业等内容。罗伯特深受影响，决心献身科学事业。

在游学意大利的旅途中，他接触了伟大的天文学家伽利略的新学说，钦慕他那追求真理，探索未知世界的精神。

作为信奉加尔文教的清教徒，罗伯特反对奢靡，崇尚节俭，一生致力于科学研究，埋首于实验中。

从1645年开始，追随培根的科学爱好者们开始每周在伦敦聚会讨论自然问题。他们中间有著名的数学家和神学家约翰·沃利斯，著名的切斯特主教约翰·威尔金斯；一批物理学家，包括乔纳森·戈达德、乔治·恩特、梅里特；格雷厄姆学院天文学教授塞缪尔·福斯特、特奥多尔·哈克。这个被后人称为"无形学院"的社团有广泛的兴趣和评论范围，但其成员约定把政治和神学排除在他们的讨论范围之外。

后来，天文学教授塞恩·沃德和经济学家威廉·配第也加入到了他们的行列。

这是一个以崇高的精神生活为宗旨的，具有深奥知识和广博学识的群体，真可谓"谈笑有鸿儒，往来无白丁"。切磋讨论，砥砺共进，最终青史留名，造福四方。

如果说，在瑞士日内瓦的留居影响了罗伯特的信仰，那么，"无形学院"的科学讨论则把罗伯特引向了献身科学的道路。

罗伯特一生俭朴，不求闻达。在保皇党和议和派互相争斗时，他就隐居到斯泰尔桥的庄园中埋头读书，不参与家庭的争论与社会上的斗争。

1662年，国王赐给罗伯特一所在爱尔兰的庄园。他把这笔收入的一部分用于爱尔兰的慈善事业，大部分用于科学研究。罗伯特却拿出自己的钱雇用了许多助手，进行科学研究。

在17世纪，进行科学研究的前提是必须富裕，否则难以为继。为了证明黄金是一种元素，罗伯特不惜重金，将金溶于王水，事后损失巨大，但他无怨无悔。

要知道，在罗伯特时代，所有的科学研究都要由研究者自己付费。罗伯特从事着耗费甚巨的项目，诸如黄金、宝石等。他出资请胡克制作过许多科学仪器，为在科学探索中披荆斩棘，造出锐利的武器。

1665年，伦敦流行大瘟疫，第二年又发生特大火灾。罗伯特除了在牛津潜心研究之外，还受姐姐之托济贫施舍，救援灾民。他东奔西走，风尘仆仆，挽救了许多垂危的饥民。罗伯特认为，每个人既要行小善，更要行大善。科学家只有通过实验才能取得成就。他说："人之所以能效力于世界者，莫过于勤在实验上做功夫。"

罗伯特并不重视自己的贵族头衔，他讨厌荣誉，哪怕是科学研究给他带来的荣誉及名声也是如此。1680年，罗伯特被选为英国皇家学会会长，但他讨厌那些繁文缛节，以体弱多病为由拒绝就任。

罗伯特生活朴素，平时总是穿着过时的服装，他对金钱毫无兴趣。他慷慨地资助青年科学家的研究，为他们的研究工作创造条件。

罗伯特晚年，名声赫赫。正如罗曼·罗兰所言，一个有天才的人获得天才的荣誉，不仅没有恳求，而且是违背他本身意志的。国王经常为了炫耀，邀请科学明星罗伯特入宫，他却把这些看成是累赘。他一直勉力自己从事科学事业。1691年12月23日，与他相依为命的姐姐去世，7天后罗伯特也离开了人间，享年64岁零11个月。罗伯特的遗体埋葬在圣马丁教堂。根据罗伯特的遗言，斯泰尔桥庄园赠给他的哥哥法兰克，遗产的另一部分赠给科学基金会。

罗伯特对生活索取很少，却为人类贡献极多。

# 微粒永存

　　罗伯特一生辛勤研究，他的全部工作都受一种理论的指导，他把这种理论称作"微粒哲学"。在古希腊时期，希罗就曾经认为空气是基本粒子。早期空气弹性实验及其发现波义尔定律，更加强了罗伯特的信念。他认为，物质的微粒及其运动才是宇宙的基本质料。这一思想在罗伯特的《形式和质料的起源》一书中阐述得极为详尽。

　　罗伯特既接受了欧洲的传统认识，又批判吸收了古希腊的成果。早在文艺复兴时期，人文主义者翻译希腊原子论时，就产生了这样的认识。公元1473年首次出版了公元前1世纪的卢克莱修的长诗《物性论》，它阐述了经过伊壁鸠鲁发展了的德谟克利特的原子学说。该书介绍了古希腊的自然观：虚空中飘浮着物质的微粒，即原子，原子有大小形状的不同，进行着永无休止的运动。1575年希罗的《气体力学》第一本全译本问世，希罗并没有假定一个连续的虚空，而是在毫无区别的微粒之间有大小不等的孔隙，使气体能够膨胀或收缩。

伽利略接受了希罗的观点，他认为原子的运动决定原子的性质。弗兰西斯·培根接受了物质是由微粒构成的学说，没有接受德谟克利特的原子理论。但他推崇运动的重要作用，认为科学应当努力研究如何发现各种运动形式。总之，在罗伯特之前，超自然力量就已经被逐出了物理学和化学领域。

罗伯特时代，科学界主流派主张"机械论"，更加宣传微粒永存的思想。微粒加运动仿佛就可以解释整个世界的奥秘。

罗伯特一生倡导微粒哲学，非常严格地遵循机械论解释的原则。他很熟悉伽桑狄和笛卡儿的著作。罗伯特认为，构成自然界的材料是一些细密，用物理方法不可分割的粒子。粒子结合成更大的粒子团，粒子团往往作为基本单位参加各种化学反应。粒子团的大小和形状决定物质的性质。

运动粒子之间的相互匹配集聚形成物质的吸引力和亲和力。

罗伯特的微粒哲学在17世纪具有广泛的影响。它屏弃了神秘的超自然力量的作用，排除了上帝的主宰，比较系统又比较完善地回答了"物质世界是怎样的"问题，引起了人们广泛的注意。

罗伯特自称是一个机械论哲学家。他的哲学思想是在培根唯物主义基础上，吸收了笛卡儿、洛克、胡克等人用以解释自然现象的微粒说，形成了罗伯特的自然哲学。

为了说明新的元素观，罗伯特给元素赋予了自然哲学的表象。他运用了从古希腊哲学家直到伽桑狄的原子论观点，来解释元素以及万物的构成。自然界不仅是由微粒构成的，化学元素也是由微粒构成的。别人诘难罗伯特：元素为什么不相同呢？

罗伯特回答说，元素的不同只是由于构成其微粒的大小、形状和运动的不同，微粒间的作用力可形成更大的微粒。

罗伯特推崇使用的微粒哲学，对于化学、物理现象能够用物质及其运动的观点作出机械论的解释，而无需诉诸超自然的、人格化的因素，从而抛弃了经院哲学的神秘主义理论，从某种意义上说，正是信仰上帝的罗伯特理论驳斥了上帝在科学中的作用，这一点启示了后人。

在精神领域中，信仰上帝；在物质运动的科学领域中，清除上帝的作用和影响，这是罗伯特同时也是近代科学家的一个重要特点。微粒思想就是一个典型的例子。

罗伯特的微粒思想，是带有大小层次的粒子观。它显然已经具有了近代原子论和分子论的雏形。这一理论模型为后来的化学家拉瓦锡所继承和发展，达到了一个新的高度。后来道尔顿把它发展成了近代科学的原子论。

罗伯特用微粒理论解释当时普遍使用，又神秘莫测的火。火是人类的朋友，又是灾祸的伴侣。1666年，伦敦发生大火灾，几乎把伦敦城烧成了一片废墟，连天佑神护的教堂也毁于一旦。平时，用火操作的哲学家们（即近代科学家们）也离不开火。

火是什么？火焰的本质如何？亚里士多德认为，火是一种元素。随着矿冶的实践深入，特别是科学家对焙烧、煅烧等实验现象的深入观察，亚里士多德的观点已经显得陈腐不堪了。

通过观察，人们明显地发现从燃烧物上有火焰进出。

大量的可燃物燃尽时只留下较轻的灰烬，也进一步说明损耗掉了一些物质。因此，人们自然地想到，在燃烧时有某种易燃元素逃逸出去。

后来，人们又进一步发现燃烧需要空气。有些化学家如海尔孟特还发现金属加强热会增重，等等。

怎么解释这些现象？

罗伯特认为，火是由"极细小的微粒"即"火微粒"所构成。他在《怀疑派化学家》一书中对此作了表述，认为细小无比的火微粒可以透过烧瓶同被加热的物体相结合。罗伯特对此进行了加热铜、铁、锡、铅等金属的系列实验，注意到了金属燃烧增加重量的现象。

罗伯特注意到了空气与燃烧的关系，他错误地推断火有重量，这导致了后来燃素说的错误理论。任何人都不可能一生不犯错误，但罗伯特的这一错误丝毫不影响微粒学说对科学界的伟大作用，罗伯特研究的微粒像罗伯特伟大的名字一样永存。

# 罗伯特枢纽

　　一个科学家不论从现在走向过去，还是从过去奔往未来，都必须穿过罗伯特枢纽，他像一个核辐射的中心，向四面八方辐射着智慧之光。

　　罗伯特一生忙碌于实验，也精于科学管理，善于与人打交道，与许多科学家有着令人钦慕的友情，还和文化名人、思想家有过密切接触，这种交叉式的交流，不仅开阔了罗伯特的视野，而且也影响了一大批人。

　　与罗伯特交往最深的就是罗伯特·胡克。我们既可以说，罗伯特造就了胡克，也可以说胡克成全了罗伯特。就世俗的关系说，罗伯特是主人，胡克是仆人；罗伯特是东家，胡克是伙计。但从科学创造过程中分析，他们两人是一对至爱亲朋，一对知心密友，你离不开我，我离不开你，互相促进，彼此提携，共同创造了17世纪科学的辉煌。罗伯特和胡克好似两颗星辰，相互碰撞，迸发出照亮宇宙的光辉。

胡克是在罗伯特的引导下走上科学探索之路的。他不仅在光学、天文学、生物学等方面都有重大的成就，而且在力学方面的贡献更是卓越辉煌。他曾对万有引力的发现作出了重大贡献，是早期探索力学规律的先驱者之一。更重要的是他发现了著名的"弹性定律"。

胡克生性乐于创造。1662年，罗伯特·胡克被任命为皇家学会的干事，职责是为每次会员聚会准备三四项实验。学会会员们说胡克是皇家学会中最有才干的实验家和最有独创性、最富有想象力的发明家。

显微术流行开来的殊荣属于胡克。

胡克发明并研制了复式显微镜，在人类文明史上第一个撰写了《显微术》一书。胡克还为望远镜的完善作出过重大贡献。伟大的哈雷曾经在但泽使用胡克望远镜进行长达几个星期的观测。

胡克和罗伯特是互补的。罗伯特尽管数学基础较差，但却是一个出色的科学分析家和精湛的理论家，他看待问题视角独特，深刻明晰，解决问题准确彻底。胡克动手能力高超，堪称超一流水平。别人解决不了的难题，胡克常常手到病除。

胡克的生存仿佛就是为了研制科学仪器。胡克的命运又是多舛的。如果胡克生于其他时代，肯定会显赫于世。可是，历史上的胡克，前有伟大的科学明星罗伯特，后有伟大科学巨星牛顿，他一个人夹在中间，显得那样的微不足道，尤其是他敢于与牛顿论战。所以，人们在编修科学史时，往往忘却了胡克的作用。历史有时对待人是不公正的，尤其当夹在巨人之间时更是如此。

罗伯特不仅和自然科学家有密切交往，而且与社会科学家也有良好的关系。在皇家学会，他广泛接触其他学科的名家。他既接受这些文化名人的思想，同时也影响他们。

早年，在姐姐莱涅拉尔夫人的沙龙里，他就聆听过弥尔顿、笛卡儿的精彩演说，促成了罗伯特热爱自然界的思想。当伟大的哲学家洛克毕业于牛津大学的克赖斯特彻奇学院后，洛克同罗伯特较深入的接触，深受罗伯特经验主义的影响。这些影响融入了《人类理智论》这部不朽的名著。

洛克的声誉主要来自于他极端忠诚于真理。在伦敦期间，他同五六位朋友，包括罗伯特在内，一直定期讨论问题。洛克认为，人类的一切观念归根结底都起源于经验。人的认识最终都要受人类感觉范围的限制。洛克彻底否定了"天赋观念"的观点，为唯物主义认识论贡献了力量。

事实上，洛克就是受罗伯特经验主义的影响，以罗伯特及科学家们的实践为对象加以概括和总结，产生了他的唯物主义认识论。

罗伯特的实践影响了哲学，哲学又影响了整个人类。

罗伯特与发明摆钟的惠更斯的交流，同样是彪炳千古。

惠更斯是荷兰的"胡克"。他的心灵手巧不亚于英国的胡克。1661年惠更斯访问伦敦期间，罗伯特向他展示了自己几经改良的空气抽气机，是罗伯特唤起了惠更斯对抽气机的兴趣，那一年惠更斯自己也制造了一台抽气机，他的抽气机以罗伯特的抽气机为基础，作了不少改进。惠更斯还把抽气机和气压计结合在一块，开始了测试真空的探索。

在发明摆钟及其完善过程中，罗伯特、胡克等与惠更斯切磋交流，双方获益良多。尤其是双方合作为征服海洋作出的贡献就更加值得大书特书了。

17世纪，英国航海业领先了其他国家，就在于海运中使用了一系列的科学仪器。荷兰作为一个航运发达的国家也使用了一系列科学仪器。惠更斯发明制造的航海摆钟对于准确地测量经度，作用十分明显。胡克发明了无须测量绳的海水测深仪。两者相结合，精确的海图就被测制出来，使航海术有了巨大的进步。

在惠更斯的学术生涯中，他多次到过英国，多次与罗伯特、胡克接触。惠更斯在科学史上以学术通信非常广泛而著称于世，书信在《惠更斯全集》中占了10卷之多，其中英国信札以罗伯特为最多。

罗伯特像一个庞大的交通枢纽，交通线连接四面八方。他还与伟大的科学巨人牛顿有过学术交往。牛顿比罗伯特小17岁，可以说是科学界的后起之秀。当罗伯特创立皇家学会时，牛顿还在读书，当牛顿投身科学作出巨大成绩时，罗伯特已经是德劭年高的长者了。人们认为，牛顿是从罗伯特的空气密度实验得到启发而引入"质量"概念，作为物质的第一性性质的。

罗伯特最早强调物质的第一性性质，并且力图用实验去证实这一点。罗伯特参与了选拔牛顿为皇家学会会员的工作。

牛顿作为科学的晚辈与胡克接触较多，早在1680年初，胡克就写信给牛顿，告诉他有关万有引力的实验结果。如果说牛顿是以数学为工具发现万有引力的话，那么胡克则是依靠实验发现万有引力的。

罗伯特的科学生涯是同很多科学家的事业连在一起的。

罗伯特与牛顿的老师巴罗一起在皇家学会共过事，与人称剑桥柏拉图主义者的亨利·莫尔交往过，与莱布尼茨会见过，邀请过莱布尼茨参观他的实验室。罗伯特与哈雷共同探讨过气象学及风的成因等问题。

从罗伯特的科学实践中，可以看到17世纪欧洲科学历史进程的缩影。

罗伯特一生经历了近代科学的奠基时期，从他的生平及与之交往的科学家群体中，我们看到了科学技术、政治理论、宗教信仰等最有价值的成果。

纵观罗伯特的一生，可以看到他是连接中世纪和近现代科学的桥梁和枢纽。

罗伯特高举着智慧的火炬，以自己的科学发明，照亮了前进的道路，吸引着同伴们同他一起披荆斩棘，开拓前进。

罗伯特主持的实验室，罗伯特参与讨论的科学沙龙，罗伯特受益终生的"无形学院"，在科学开榛辟莽的革新时期，是培养和锻炼科学工作者的组织。它铺平了通向皇家学会的道路，它是近现代形形色色的科研机构的奠基石。

为了科学研究，罗伯特进行了广泛的交往。他的实验不仅启迪了英国的科学家罗伯特·胡克，撰写《人类悟性论》的洛克，建立了完整力学体系的牛顿，而且也影响了荷兰的惠更斯，德国的莱布尼茨，法国的马略特，他的身后组成了一支科学大军。他将自己有限的生命融入到了伟大的科学事业之中。

你想让生命获得永恒吗？那就献身科学吧！

# 世界五千年科技故事丛书